AF364091

LES BOUTIQUES DE PARIS

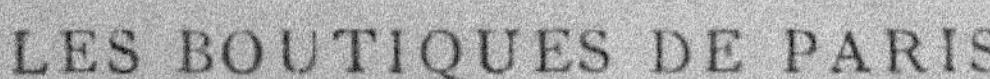

LA BOUTIQUE

DU MARCHAND

DE NOUVEAUTÉS

PAR

EUGÈNE MULLER

PARIS

LIBRAIRIE DE L. HACHETTE & CIE

BOULEVARD SAINT-GERMAIN, N° 77

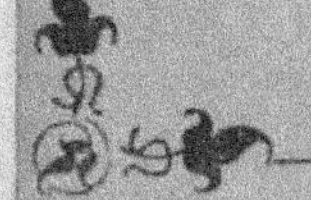

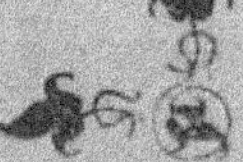

LA BOUTIQUE
DU MARCHAND
DE NOUVEAUTÉS

COULOMMIERS. — Typogr. A. MOUSSIN.

LA BOUTIQUE

DU MARCHAND

DE NOUVEAUTÉS

PAR

EUGÈNE MULLER

DEUXIÈME ÉDITION

PARIS

LIBRAIRIE HACHETTE ET Cie

79, BOULEVARD SAINT-GERMAIN, 79

1874

LA BOUTIQUE

DU MARCHAND

DE NOUVEAUTÉS

I

DIALOGUE

« ... D'ailleurs — reprit-elle — par cela seul que je suis femme, je crois pouvoir avouer sans rougir un goût très-prononcé, disons même, si vous voulez, une passion pour ces riens charmants que, vous autres hommes, vous flétrissez du nom si partialement dédaigneux de *chiffons*.

— Eh! Madame — répliquai-je — qui songe à vous en blâmer? Toutefois vous m'accorderez peut-être qu'en de certains cas nous sommes payés, ou plutôt nous payons pour avoir le droit...

— De maudire les *chiffons*, et aussi parfois celles qui en sont entichées.

— Je ne dis pas tout à fait cela.

— Mais je le dis pour vous. D'abord parce que c'est la vérité, et ensuite parce qu'il est juste de reconnaître que tels d'entre vous sont largement autorisés à pester contre telles d'entre nous qui s'abandonnent sans réflexion à ce désastreux penchant. Oui, désastreux, je maintiens le mot, car je sens bien que, pour ma part, si le raisonnement ne venait pas quelquefois, très-souvent même, à l'encontre du désir, je me comporterais de façon à excéder en un mois mes ressources d'une année. Mais, Dieu merci ! je suis philosophe.

— Le ciel me préserve d'en douter.

— Vous croyez rire, Monsieur.

— Oh ! je vous affirme, Madame...

— Quoi ? que vous ne vous moquez pas ? soit ! mais ce n'est point, j'imagine, que vous n'en ayez l'envie. Et pourtant je soutiens, ne vous déplaise, qu'il y a quelque mérite, quelque sagesse à triompher là où tant d'autres succombent.

— Mais, Madame...

— Et surtout quand c'est au prix d'héroïques luttes avec soi-même que... — Ah ! voilà que vous souriez encore : ce qui témoigne que vous êtes loin de donner au sujet que nous traitons sa véritable importance. Aussi, croyez-m'en, restons-en là ; car je prévois que nous tarderions trop à nous entendre : vous, partant invariablement du profond et instinctif mépris que ces malheureux *chiffons* vous inspirent, moi, tout au contraire, me souvenant sans cesse que je suis leur fervente admiratrice...

— Et que diriez-vous, Madame, si je m'avisais de vouloir vous démontrer que je les tiens à plus haut prix que vous ne sauriez le faire vous-même?

— Ah! par exemple!

— Si je prenais à tâche de vous convaincre que votre admiration, pour si grande et si vive qu'elle soit, reste encore bien en-deçà du degré qu'elle devrait atteindre?

— Est-ce encore de l'ironie, Monsieur?

— Non, Madame : je parle sérieusement, très-sérieusement.

— Mais alors?...

— Alors admettez-moi à faire mes preuves.

— Je ne comprends pas... mais qu'à cela ne tienne!

— Eh bien, Madame, je vous propose un voyage, un grand voyage.

— Avec vous?

— Avec moi : mais sans sortir d'ici.

— Je comprends de moins en moins. Toutefois, je me risque. Où allons-nous?

— Nous allons, si vous le voulez bien, remonter ensemble aux sources de ces merveilles, dans la convoitise ou dans la possession desquelles vous trouvez tant de charmes.

— Comment l'entendez-vous ?

— J'entends, Madame, qu'au lieu de vous en tenir à la seule vue, ou à la simple acquisition des mille objets qui garnissent les rayons ou la montre du marchand, vous me laissiez vous conduire en excursions, en découvertes, dans le monde tout d'activité, d'adresse, de génie même, où ils se rêvent, se créent, pour le faste aussi bien que pour le confort, pour la fantaisie aussi bien que pour l'utilité. Vous les avez sans doute mainte fois contemplés en eux-mêmes, pour eux-mêmes, et avec la séduisante perspective des satisfactions qui leur pouvaient être dues; mais avez-vous jamais songé à vous faire une idée de la multiplicité, de la diversité d'efforts intellectuels et physiques que provoque et nécessite l'alimentation d'un de ces dépôts où vous allez puiser pour vous vêtir et vous parer. Cependant, pour quelques centaines d'articles qui sont là réunis, à combien de milliers, de millions, je pourrais même dire de milliards d'êtres a-t-il fallu faire appel, qui ont donné leur part d'énergie, d'instinct, de vigilance, d'habileté, d'imagination ? Combien de cerveaux mis en travail? combien de bras fatigués? combien d'existences enchaînées à cette production, et qui en ont dépendu?... Et, en plus des hommes mis à contribution sur tous les points du globe, les animaux et les plantes dépouillés, sacrifiés; la terre fouillée, les eaux explorées, l'air lui-même rendu agent docile :

voilà ce que je découvre là où vous n'apercevez, je suppose, que des vêtements ou des toilettes futures. Et, je ne sais si je m'abuse, mais je crois que si, au moment où vous les abordez, chacun de ces objets vous parlait en quelque sorte comme il me parle à moi, pour vous révéler son origine, pour vous conter l'histoire des transformations, ou plutôt des enfantements successifs qui, par les voies du travail humain, l'ont amené à l'état où vous le voyez, je crois que chacun de ces objets, que déjà vous estimez singulièrement, acquerrait un surcroît d'importance idéale qui peut-être vous le rendrait bien plus cher qu'auparavant. J'imagine même que vous ne sauriez plus désormais pénétrer dans un de ces endroits où se trouve manifestée sous tant de formes la puissance de l'industrie et de la solidarité humaines, sans qu'il vous vînt dans l'âme un de ces sentiments qu'on aime à éprouver, quand on est encore capable d'admirer ce qui est beau et d'applaudir à ce qui est bon. Et n'est-ce pas la beauté digne de la plus forte admiration que l'ensemble de tant de conquêtes dues aux pacifiques audaces du progrès? Et n'est-ce pas le bien méritant d'unanimes applaudissements, que cet immense concert établi entre les membres de la grande famille universelle par la sainte loi du travail? — Que vous en semble, Madame? vous plaît-il que nous nous aventurions dans le va-et-vient de cet innombrable essaim d'abeilles qui s'agitent, qui s'évertuent, et qui — trop souvent sans qu'il leur en revienne une part suffisante — amassent pour tous le miel doré et bienfaisant? Vous verrez : ce monde-là a bien ses grandeurs, ses poésies, puisqu'il a ses luttes, ses triomphes, ses défaites, ses souffrances, ses joies... Voulez-vous venir, Madame?

— Je suis prête, mais vous-même, Monsieur, qui vous dirigera?

— Moi, Madame, le souvenir ; car c'est une de mes fiertés intimes de me rappeler qu'enfant, adolescent, et bien plus tard même, j'ai vécu, j'ai eu ma tâche matérielle et intellectuelle dans ce monde où je m'offre à vous conduire. Vous le savez, on ne naît pas *faiseur* de livres. C'est un démon qui, tout par un jour, vient vous forcer à prendre une plume, et qui se cramponne à vous pour que, lourde ou légère, cette plume ne tombe plus jamais de vos doigts. Moi, quand le démon me chercha, c'est au fond d'une fabrique où j'étais apprenti qu'il dut venir me trouver. Et Dieu sait combien d'ateliers, d'usines, je lui fis visiter depuis! Je me réjouis vraiment à l'idée de l'y ramener, après qu'il a tant fait pour m'en tirer. Mainte fois il lui arrivera d'y rencontrer la mémoire de telle ou telle déconvenue, et sans aucun doute alors il endiablera ; mais sa compagnie n'en sera peut-être que moins monotone pour vous... Toutefois, soyez tranquille, ce n'est nullement ma biographie que j'ai l'intention de vous faire, sous le pré-

texte d'un voyage à travers les *industries textiles*. Je
n'ai pas, Dieu merci, l'outrecuidance de croire que,
pour avoir trouvé dans mon cerveau quelques histo-
riettes innocentes, le droit me soit acquis d'occuper
personne de ma petite individualité. Non. Je vous
ai proposé d'être votre guide dans un pays nouveau
pour vous. Vous m'avez demandé quels étaient mes
titres à cette fonction : je vous les ai fait connaître ;
si vous les trouvez suffisants, partons, Madame.

— Partons, Monsieur, à tout hasard.

— Eh bien ! Madame, nous voilà partis... »

II

Au beau temps où les rouages de la machine oratoire étaient étiquetés dans le cerveau des rhéteurs comme les pièces d'un squelette dans les tiroirs d'un naturaliste, l'arsenal scolastique contenait, entre autres engins d'ergotage, une figure parée du joli nom de *synecdoche* ou *synecdoque*, dont la mission consistait à prendre le tout pour la partie, ou la partie pour le tout.

Aujourd'hui, l'école pédante ne tient plus ouvertement séance, l'anatomie du langage n'est plus pratiquée selon la froide méthode d'autrefois, mais, à l'exemple du bonhomme Jourdain, qui se trouvait prosateur à son insu, nous ne nous abstenons pas des figures, qui sont, d'ailleurs, pour employer l'expression pittoresque d'un vieux maître « comme un natif besoin du discourir. » En voulez-vous une preuve? regardez cette enseigne :

« Magasin de nouveautés.

Et dites si la synecdoque n'a pas ici usé et presque abusé de son droit, quand elle accorde à un petit nombre d'articles d'une disposition réellement *nouvelle*, l'honneur arbitraire de nommer l'asile qui leur est commun avec une imposante majorité de produits, dont l'âge de création s'échelonne jusque-là de remonter aux jours des bibliques patriarches. *Magasin de tissus, d'étoffes*, serait d'une acception plus exacte, plus explicite même, mais moins alléchante peut-être, et dans notre siècle — je crois fort, soit dit en passant, qu'il en fut toujours ainsi — la vogue est à ce qui brille : la *montre* est reine. Or, pendant que sur les rayons ombreux dorment roulés les bonnes toiles et les confortables lainages qui, exposés, n'obtiendraient pas un regard, à la montre inondée de lumière se déploient, s'étalent, s'entre-croisent, diaphanes, éclatants, diaprés, les *baréges*, les *linos*, les *fantaisies*, qui, tout frais empreints du dernier cachet de la mode, captivent l'attention, excitent la convoitise, arrêtent le chaland. « De tout cela, entendez-vous dire et répéter, il n'y en a que pour un *déjeuner de soleil*. » Mais n'importe, l'effet cherché est produit. Grâce aux *nouveautés*, vous avez stationné devant la montre, le magasin est noté dans vos souvenirs, vous saurez le retrouver, ne fût-ce que pour l'emplette du plus humble ou du plus antique tissu : et voilà sans doute comment il advient que le bazar aux étoffes de toutes sortes se

change pour vous — et partant pour l'enseigne,
laquelle est tenue de faire son métier d'enseigne intelligente — en Magasin de nouveautés par excellence.

Quoi qu'il en soit, comme tout ce que nous saurions dire ne changerait rien à un état de choses qui,
du reste, ne fait courir aucun péril à aucun intérêt
notable, et qui peut, en outre, arguer des vénérables
priviléges de la synecdoque, je suis d'avis que nous
acceptions, sans le discuter davantage, le fait accom-
pli, et que nous pénétrions dans la maison sans trop
prendre garde à l'inscription de la porte

Le seuil passé, aux environs du comptoir, qui est
voisin de l'entrée par la même raison que les bu-
reaux de douane sont voisins des frontières, nous
sommes abordés par un homme mis avec une élé-
gante et correcte simplicité, qui, après s'être suffisamment incliné devant nous, un engageant sourire sur les lèvres, s'enquiert du ton le plus courtois
de l'objet de notre visite.

Cet homme, s'il n'est le chef de l'établissement lui-
même, doit être au moins son plus fidèle et plus
sûr représentant, car le poste qu'il occupe, et où il
semble n'avoir d'autre souci que de distribuer en
manière de passe-temps quelques banales formules
de politesse aux entrants et aux sortants, n'est pas
moins celle des charges de la maison qui exige le
plus de sérieuses qualités réunies. Il doit, en effet,

tout en paraissant exclusivement préoccupé de personnifier l'exquise urbanité, ne pas distraire un seul instant son attention de l'ensemble et des détails du mouvement qui s'opère autour de lui. Pilote sur qui repose le succès d'une complexe manœuvre, il faut que rien ne lui échappe de ce qui se passe, aussi bien à ce comptoir près duquel il gravite, qu'au fond des galeries où sa vue a peine à porter. Pour les clients, il n'a qu'un front sans rides, que des propos sans aspérités, que des regards d'une douceur inaltérable, et que des allures d'affable, d'indifférent rôdeur. Pour sa légion d'employés, toujours apparaît, comme empreint entre ses deux sourcils contractés, le grave souci de l'entreprise dont il assume sur lui la responsabilité; sa parole a la tranchante brièveté du commandement militaire; son coup d'œil aigu envoie au loin un stimulant rappel à l'activité, ou à l'attention; et s'il approche, ce n'est pas sans quelque appréhension qu'on le voit venir....

Toujours est-il que nous l'avons laissé attendant un mot de nous, pour s'empresser de nous indiquer le point de la maison où l'on peut répondre au désir que nous allons exprimer. Il se dispose même à faire avec nous, selon l'article qu'il nous entendra nommer, quelques pas dans telle ou telle direction, pour nous mettre aux mains de celui de ses subordonnés qui doit se consacrer exclusivement à la satisfaction de notre demande.

« Mille pardons, Monsieur, mais, quoique nous puissions en avoir l'air, nous ne sommes, rien moins que des clients.

— Ah ! » fait d'un air quelque peu désappointé l'homme aux courtoises manières.

Et comme vous êtes, je pense, parfaitement convaincue que ce n'était pas pour le platonique amour de nos beaux yeux que l'honnête marchand avait déployé un véritable luxe de salutations et de mines empressées, vous vous expliquerez sans peine que ma décevante déclaration ait eu pour effet de refroidir sensiblement son chaleureux accueil. Toutefois, comme on ne saurait sans en contracter l'heureux pli s'exercer sans cesse aux gracieux procédés, c'est avec la meilleure grâce du monde que, le premier mouvement de déconvenue maîtrisé, ce chef d'entreprise, oubliant sa qualité, se met en devoir de nous prouver que.

...pour être *marchand*, on n'en est pas moins homme,

et homme fort bien élevé : « Peu importe, reprend-il, avec un empressement qui le cède d'autant moins à celui de tout à l'heure, que la question d'intérêt y reste, je crois, entièrement étrangère, s'il est en mon pouvoir de vous être agréable, Monsieur, Madame...

— Mon Dieu, Monsieur, vous voyez en nous des voyageurs qui... voyagent pour s'instruire.

« — J'en suis charmé, Monsieur.

— Et notre façon d'étudier consiste à procéder par voie d'enquête...

— Comme on dit dans le monde judiciaire ou administratif, fait observer le négociant, qui sans doute n'est pas fâché de laisser entendre qu'il ne vit pas aussi reclus que nous pourrions le croire dans son absorbante spécialité.

— En effet, Monsieur. Or, voulant actuellement diriger nos investigations vers la grande industrie des tissus, nous avons pris la liberté de venir vous demander...

— Des renseignements sur le mécanisme du commerce de détail des nombreux produits de cette industrie. En ce cas, Monsieur, vous ne pouvez mieux vous adresser ; car notre maison... (Bon ! voilà l'homme parti et le marchand revenu !) notre maison, tant au point de vue de l'importance des affaires qu'au point de vue des résultats obtenus, peut vous offrir le modèle des établissements renommés pour le nombre, la qualité, le bon goût des assortiments, en même temps que pour la modicité des prix.

— J'en suis convaincu, Monsieur, mais... »

Il ne m'entend pas, il continue : « Beaucoup de concurrents se vantent d'acheter en fabrique, à qui pourtant les marchandises n'arrivent que grevées par le prélèvement de deux ou trois commissionnaires : tandis que nous avons, nous, réellement des relations directes avec les centres manufacturiers, ce qui nous permet d'établir nos tarifs avec une forte moyenne de réduction, et par conséquent de faire profiter nos clients d'un notable avantage.

— Je m'explique alors, Monsieur, la préférence qui est généralement acquise à votre maison; mais...

— Et vous comprenez aussi, Monsieur, que le fait d'un rapide écoulement motivant le renouvellement presque quotidien de nos fonds de marchandises, il s'ensuit que le public est assuré de trouver toujours chez nous des articles frais, et du dernier choix.

— C'est incontestable, Monsieur, toutefois...

— Ajoutez, Monsieur, que la disposition d'un imposant capital, clair et liquide, nous permettant de traiter la plus grande partie de nos achats au comptant, — j'entends le comptant commercial : trente jours au lieu de quatre-vingt-dix — outre que nous bénéficions de l'escompte, qui est à considérer quand on opère sur un chiffre considérable, nous avons en mainte occasion la chance d'excellents marchés à faire de première main. Et il va de soi que notre clientèle n'est pas sans bénéficier de cette situation vraiment exceptionnelle.

— Je n'en doute point, Monsieur; mais, s'il vous plaît... »

Mais notre marchand qui tient le dé, n'entend pas, à ce qu'il paraît, s'en dessaisir pour si peu.

Laissons-le donc faire : charbonnier est maître chez lui.

« L'exposé d'une autre différence essentielle qui existe entre nous et nos concurrents — reprend-il aussitôt — achèvera de vous démontrer combien sont réels les avantages que nous pouvons offrir aux acheteurs. Je veux parler de la supériorité d'organisation et de fonctionnement du personnel, laquelle se traduit encore par une large réduction des frais généraux. Mais une différence ne pouvant être rendue sensible que par la comparaison, je dois tout d'abord vous faire connaître l'ordre généralement adopté ailleurs.

« Dans la donnée commune d'une maison de quelque importance, l'ensemble des produits mis en vente est divisé en huit ou dix *rayons*, ou groupes d'articles offrant une analogie, sinon par la qualité, au moins par l'emploi. Ainsi, le rayon *Indiennes* comprend, avec les étoffes de coton imprimées, les *organdis*, les cotonnades, les toiles de Vichy. Le rayon *Châles* reçoit, en même temps que les cachemires vrais et les *Ternaux*, les mantelets, les écharpes pour dames. Au rayon *Meuble* figurent, à côté des damas et des *perses*, le velours d'Utrecht et la moquette. Sur le rayon *Soieries* se rangent, à la suite des moires, les satins, les *poults*, les taffetas et aussi les velours-coton. Tout ce qui est *lainage*, depuis l'épais mérinos jusqu'aux plus légers *poils de chèvre*, prend

place au rayon *Fantaisie*. Le rayon *Blanc de fil*
comporte presque exclusivement le linge de corps et
de table ; tandis que le rayon *Blanc de coton* contient
les calicots, les madapolams, les nansoucks, les jaconas, les mousselines unies et brodées, les guipures.
Je vous ai nommé les principaux rayons. A la tête
de chacune de ces subdivisions, qui sont dans le magasin ce que sont les ministères dans un gouvernement, se trouvent autant de *chefs de rayons*, qui
tiennent auprès du patron la place des ministres auprès du souverain. Le chef de rayon est à la fois capitaine et ambassadeur : capitaine en ceci, qu'il a le
commandement absolu et discrétionnaire de la compagnie qui opère la vente sous son impulsion, et aussi
sous sa responsabilité ; et ambassadeur en cela, qu'a-
près inventaire quotidiennement dressé de l'approvi-
sionnement de son rayon, il est encore chargé, avec
plein pouvoir, d'aller effectuer au dehors les achats
qui doivent réparer les brèches faites par les clients.
Aussi, comme souvent il lui arrive d'être en course
pendant la majeure partie de la journée, délègue-t-il
à un lieutenant d'une constante stabilité la direction
du service de vente. Celui-là prend le titre de *Second*. D'ailleurs pour le Second, aussi bien que pour
les *Troisièmes* et *Quatrièmes*, qui se confondent sous
le titre de *commis*, le chef de rayon est un *Premier*.
C'est le Premier qui les enrôle et les congédie ; le
patron ne fait qu'approuver les conventions. Les

diverses classes de commis ont pour ligne de démarcation le chiffre des appointements qui se mesurent au mérite plutôt qu'à l'ancienneté. Les jeunes gens débutent *au pair*, c'est-à-dire sans émoluments, mais toujours nourris et logés; car c'est une condition générale que la table et l'abri soient donnés aux employés. La journée commençant à 7 heures et demie du matin pour finir à 10 heures du soir, est coupée de deux repas pour lesquels on accorde de 30 à 35 minutes. C'est, je dois vous le faire remarquer en passant, les seuls instants où les employés soient autorisés à s'asseoir; mais, dans les maisons qui ne ferment pas le dimanche, ils ont ordinairement un jour de sortie par quinzaine. Quant aux appointements, ils varient depuis 400 francs, qui est le taux des nouveaux salariés, jusqu'à 5 et 6,000, moyenne qu'atteignent les *chefs de rayon*, mais que souvent ils dépassent, soit par attribution directe, soit par le fait d'un intérêt qui leur est alloué sur le chiffre des affaires, ou plutôt des bénéfices. On vous en citerait qui touchent jusqu'à 15 et 18,000 francs, ce qui revient à dire que la réunion des huit ou dix chefs de rayons d'un grand établissement constitue un état-major qui, s'il rend les plus éminents services à l'entreprise, ne laisse pas que de devenir singulièrement onéreux à son budget.

« Quoi qu'il en soit, tel est à peu près le système suivi dans toutes les maisons considérables. Mais nous avons pu, nous, grâce surtout à ce qu'un rare hasard, un vrai coup de fortune, a fait que nous nous sommes rencontrés trois associés, joignant chacun à des aptitudes particulières un besoin extrême de vigilance et d'activité, nous avons pu, dis-je, apporter à ce régime plusieurs modifications capitales. Ainsi, Monsieur, dans notre maison.... »

Ici le marchand qui, tout en s'entretenant avec nous, n'a pas cessé un instant d'exercer, près et loin de lui, sa rigoureuse surveillance, ici le marchand s'interrompt : « Veuillez m'excuser : l'apparition du maître me semble être urgente là-bas. Une minute, et je suis à vous. »

Et il s'éloigne.

Je ne sais pas, Madame, si vous avez pris quelque intérêt aux détails qui viennent de nous être donnés, mais je puis vous affirmer que mon intention, en vous amenant ici, n'était nullement de les obtenir; et vous l'auriez bien vu, si ce trop obligeant orateur m'eût laissé le loisir de formuler en entier ma demande. Mais le voici qui revient et s'apprête sans doute à reprendre une démonstration qui, à mon avis, est un peu trop exclusivement professionnelle. Je vais tâcher de l'enrayer sur cette voie où nous l'avons, je crois, suivi déjà trop longtemps.

Il nous aborde de nouveau :

« Je disais donc, Monsieur et Madame, que... »

— Pardon, Monsieur, mais madame et moi nous comprenons que nous ne saurions prendre davantage votre temps, sans qu'il en résulte pour vous un préjudice que nous nous reprocherions vivement d'avoir causé. Ce n'est pas d'ailleurs sans regret que nous renonçons au plaisir d'entendre jusqu'au bout une argumentation, qui, pour la rendre plus évidente, ne ferait pas plus certaine à nos yeux l'incontestable supériorité de votre maison. Permettez-moi donc de restreindre à une seule et *dernière* question l'importunité que, jusqu'ici, vous avez bien voulu subir avec une si indulgente courtoisie.

— Qu'à cela ne tienne, Monsieur; je suis prêt à répondre à toutes les questions qu'il vous plaira de m'adresser.

— Oh! une seule. Je désirerais qu'une bouche autorisée comme la vôtre daignât faire connaître à madame le nombre et le nom des matières premières qui servent à la confection des tissus réunis dans un magasin tel que celui où nous sommes.

Le marchand fronce le sourcil d'un air méditatif, pour ne pas dire embarrassé. Ne lui serait-il pas encore arrivé de s'adresser à lui-même cette question, aussi simple cependant que naturelle? Je n'en voudrais point jurer. — Bientôt, toutefois, son front s'éclaircit.

« Mon Dieu, Monsieur, c'est en faisant de tête la revue des rayons que nous pouvons le savoir, » dit-il, ce qui équivaut à nous avouer qu'il n'a jamais songé à passer cette revue pour son propre compte.

« Eh bien, Monsieur, si vraiment ce n'était pas trop abuser...

— Comment donc, Monsieur, comment donc !.. »

Et le voilà qui, silencieux, l'œil à demi fermé, paraît se livrer à un travail d'exploration mentale de ses domaines. De temps en temps il ouvre avec l'index de sa main droite un des doigts de sa main gauche, qu'il avait mise fermée à hauteur de sa poitrine. Quand il ne reste plus à cette main un seul doigt plié :

« Eh bien, mais! s'écrie-t-il, du ton de l'homme qui s'attendait peut-être à un résultat différent de celui qu'il vient d'obtenir, je n'en trouve réellement que cinq.

— C'est qu'évidemment, Monsieur, il n'y en a pas davantage.

— En effet, pas davantage. Cinq, ni plus ni moins.

— Qui sont, s'il vous plaît? »

Il referme alors ses cinq doigts, qu'il rouvre successivement, en faisant tout haut la récapitulation qu'il avait préalablement faite tout bas : « *La soie*, un; *la laine*, à laquelle j'adjoins naturellement les poils de chèvre ou d'alpaca, deux; *le chanvre*, trois; *le lin*, quatre ; *le coton*, cinq. — Et c'est bien tout, Monsieur.

— Alors, Monsieur, il ne nous reste plus qu'à

vous prier d'agréer nos vifs remercîments pour le bienveillant accueil que nous avons eu l'avantage de trouver auprès de vous.

— Croyez, Monsieur et Madame, que tout l'avantage a été pour moi.

— Ah ! Monsieur !... »

Là-dessus, révérences et salutations multipliées. Et nous voilà dehors.

Ainsi, Madame, vous l'avez bien entendu, et vous reconnaissez, je pense, le tenir de bonne part : cinq éléments constituent à eux seuls la matière première du grand nombre d'articles que met en vente le *marchand de nouveautés*.

Ces éléments, d'où viennent-ils ? comment se produisent-ils, et quelle suite de soins, de travaux exige leur multiple transformation ? — C'est ce que nous allons chercher à voir, à savoir ; et voilà seulement que notre véritable voyage commence.

III

LA SOIE

Un printemps — je pouvais avoir alors une douzaine d'années, — ma mère, originaire d'une ville de Provence, fut appelée, pour le règlement de quelque importante affaire, à séjourner pendant cinq ou six semaines dans son pays natal. Elle m'avait emmené avec elle, non pas, bien entendu, pour me confiner tout ce temps-là dans la vieille cité, qui ne pouvait m'offrir que de maigres distractions.

Dans un hameau distant de la ville d'environ deux lieues, habitait une famille de braves gens, parents éloignés, mais amis sincères et dévoués, à qui elle avait résolu de me confier. Et Dieu sait que ce projet de villégiature me souriait fort. Un matin donc, nous partons (sans avoir prévenu, pour qu'on ne se confondît pas en préparatifs de réception), moi juché sur le bât d'un roussin de louage, que ma mère suivait à pied, et sur la croupe insensible duque elle frappait de temps à autre du bout d'un fouet dont l'avait armée le maître de l'animal.

Quand nous arrivâmes en vue de la maison, la cousine Jayard, une grosse et sympathique commère, était justement assise, tricotant, à côté du seuil. Elle nous reconnut ; et aussitôt de se lever, et d'accourir en poussant, avec toute la bruyante faconde méridionale, les plus franches exclamations de joie. Et ma mère, pour faire honneur à cet accueil, de vouloir s'élancer au cou de la bonne femme ; mais celle-ci, formant vivement de ses deux bras une sorte pe cercle protecteur au-devant de sa poitrine rebondie :

« Attends, mie, attends. Embrassons-nous doucement, je te prie. »

Alors ma mère de la considérer surprise.

Et la cousine de reprendre avec une gravité qui n'était pas de la froideur : « C'est que, vois-tu, je couve.

— Vous couvez?

— Oui, les *magnans*, tu sais bien.

— Ah oui ! je sais, » fit ma mère, qui semblait en effet avoir parfaitement compris le sens de ces paroles, tandis que je cherchais vainement à le trouver, moi qui n'avais jamais ouï rapporter le soin de l'incubation qu'à des bipèdes dont les dehors et la voix de ma grosse cousine ne me rappelaient ni le plumage ni le ramage. Presque aussitôt : « En vérité, reprit ma mère, j'aurais dû y penser : et voyez comme j'avais mal calculé, moi qui comptais vous laisser ce gaillard — elle me désignait — pendant au moins un mois. Je vais me hâter de le remmener.

— Le remmener, pécaïre! Et pourquoi, s'il te plaît? demanda la cousine.

— Parce que je n'ignore point ce qu'il en est d'une ferme de Provence à l'époque des *magnans*. Ce n'est pas le moment de vous donner un embarras de plus.

— Comment! comment! cria le cousin Jayard, un petit homme tout sec, tout nerveux, tout bronzé, qui arrivait la face épanouie, — le remmener, ce filiot. Ah! par exemple, je voudrais bien voir ça. Que tu ne restes pas, toi, Madame, je le comprends; car nous ne pourrions guère te faire honneur; mais, pour le petit, c'est autre chose; les enfants s'amusent de tout et s'accommodent de tout. Laisse-le. Il sera avec ses cousins et cousines, il ira à la feuille, il *garnira*, il verra grandir, dormir les bêtes, il *encabanera*, *déramera*... que sais-je? Ça lui sera nouveau. Il ne s'ennuiera pas, j'en suis sûr, et nous tâcherons qu'il ne pâtisse pas trop, encore que ce soit le temps où l'on ne fait guère de cuisine. Si vers la fin, il arrive que les *magnans* lui prennent sa chambre, car cette année, nous *faisons quatre onces*, sois tranquille, il ne couchera pas pour cela sur la dure... »

Bref, en dépit de toutes ses protestations, ma mère dut s'en retourner seule, et je restai, enchanté d'aider à faire les *quatre onces*, ou plutôt d'avoir l'explication d'une suite de locutions insolites qui, en étonnant mon oreille, n'avaient pu qu'éveiller la plus complète curiosité dans mon esprit.

J'inaugurai presque aussitôt mes fonctions en compagnie d'une de mes cousines qui m'emmena à *la feuille*. Chemin faisant, cela va sans dire, mon premier soin fut de lui adresser mainte question touchant ces *magnans* que je voyais être l'objet de la préoccupation générale, non-seulement chez le cousin Jayard, mais encore dans toutes les habitations où la jeune fille me faisait entrer, sans doute pour montrer aux voisins le nouvel arrivé. Elle me traduisit d'abord cette dénomination toute locale de *magnans* par celle de *vers à soie*, beaucoup plus intelligible pour moi. Elle m'apprit que les quatre onces dont avait parlé son père représentaient le poids des graines ou œufs (1), dont sa mère était en train de provoquer l'éclosion, en les portant le jour sur sa poitrine dans un petit sachet ouaté, que la

(1) Le terme de *graines*, quoique singulièrement impropre, a généralement prévalu, même dans le langage technique et officiel, comme on a pu le voir naguère par une discussion qui s'est élevée au sein du Corps législatif, où l'on demandait que le Gouvernement parât aux mécomptes et aux souffrances de l'industrie séricicole, en établissant un contrôle sur la nature et la provenance des *graines* de vers à soie.

nuit elle déposait entre deux oreillers, dans son lit, à côté d'elle.

Or, comme il y avait sept ou huit jours que la cousine Jayard couvait, et que le matin, en examinant la graine, elle avait compris, à un changement de couleur particulier, que les vers ne pouvaient tarder à éclore, elle avait envoyé sa fille faire la première cueillette de feuilles pour la nourriture des myriades d'individus qui, pendant quatre ou cinq semaines, devaient exclusivement absorber l'attention et le labeur de toute la famille.

Arrivés au milieu d'un petit quinconce de jeunes plants de mûriers, nous nous mîmes à cueillir des bourgeons plutôt que des feuilles, car, à peine ces arbrisseaux devaient-ils être entrés en végétation depuis quelques jours. Et, comme je m'étonnais qu'on n'attendît pas que la feuille fût plus développée : « C'est ainsi qu'il la faut, me répliqua ma cousine ; jeune est la feuille, mais jeunes aussi sont les petites dents des magnans ; si elle était plus âgée, ils n'y pourraient pas mordre. D'ailleurs la règle est de mettre les vers à l'éclosion quand on voit les boutons des mûriers s'ouvrir, de façon que le manger croisse et prenne de la force en même temps que les mangeurs. »

Quand elle nous vit rentrer avec notre petit sac plein de verdure, la cousine Jayard s'approcha d'un poêle de faïence, qui entretenait dans la chambre

une température tiède et régulière, tandis qu'au dehors se faisaient encore sentir les variations prin-
tanières. Elle s'assit, tira du devant de sa casaque un
sachet qu'elle entr'ouvrit et dans lequel elle regarda.
Puis elle dit : « Vite! vite! les voilà éclos : un
châssis et des papiers! »

On lui donna aussitôt un petit cadre de bois sup-
portant un léger réseau de fil de fer, qu'elle couvrit
d'une feuille de papier blanc, sur laquelle elle versa
le contenu du sachet, c'est-à-dire quelque chose que
je pris tout d'abord pour un monceau de bouts de
fil, haché menu, noirâtres, velus, se tordant, se dé-
menant.

Avec la barbe d'une plume, elle étala doucement
dans le fond du châssis cette multitude mouvante ;
puis elle posa au-dessus une autre feuille de papier,
mais celle-ci criblée à l'emporte-pièce de mille trous
à passer un pois.

Puis, par-dessus tout cela, elle éparpilla une mince
couche de bourgeons de mûrier ; elle mit le châssis
sur deux chaises devant le poêle, et elle vaqua à
d'autres soins.

Mais, moi, je restai en observation près du châssis.

A peine quelques minutes s'étaient-elles écoulées,
que je pus voir une légion de vermisseaux gris-noir
montant à l'escalade par les criblures du papier, et
envahissant les feuilles de mûrier, qu'ils attaquè-

rent sans plus tarder en les sciant, pour ainsi, dire par la tranche.

Au bout d'une demi-heure environ, la cousine revint, qui, prenant par les deux bouts la feuille de papier couverte de chenilles occupées à faire leur premier repas, les transporta sur une autre claie. Puis elle étendit sur la première, où grouillait une couche de vers encore épaisse, un nouveau papier criblé qu'elle chargea d'une nouvelle quantité de feuilles de mûrier, qui furent bientôt envahies à leur tour... Et ainsi de suite à quatre ou cinq reprises, c'est-à-dire jusqu'à ce qu'il ne restât plus sur le papier qui avait reçu le contenu du sachet, que quelques œufs morts ou en retard d'éclosion, et un certain nombre de chenilles plus indolentes ou plus chétives que les autres, — qui furent mises à part pour recevoir des soins exceptionnels : — quelque chose comme l'ambulance de l'armée.

Cette façon d'imposer à ces petits animaux l'obligation d'aller chercher leur nourriture en se glissant comme de vrais acrobates par les trous du crible, ne laissa pas que de me paraître étrange ; mais on m'eut bientôt fait entendre que c'était un moyen imaginé pour éviter de blesser les vers en les maniant, quand on voulait, ou plutôt quand il fallait les *déliter*, c'est-à-dire les débarrasser de la litière dont le contact et les émanations ne pourraient que leur être funestes.

L'invention, il m'en souvient fort bien, me parut très-ingénieuse, et, quoique pendant le temps de l'éducation le fait se renouvelât un grand nombre de fois, je sais que ce fut presque toujours avec le même intérêt que je remarquai la docile et intelligente gymnastique de ces bestioles qui, commandées par un vigoureux appétit, se livraient avec un surprenant ensemble au même exercice.

La noire peuplade fut installée dans une grande chambre garnie en entier d'un système de bâtis faisant rayonnage, pour supporter les claies qui étaient là en grand nombre, et sur lesquelles les élèves devaient être répartis à mesure qu'ils grossiraient et partant demanderaient à occuper plus d'espace.

Dieu sait que s'ils allèrent vite à augmenter de volume, ce ne fut pas, comme on dit, sans y prendre quelque peine. Toutes les deux ou trois heures, pendant les premiers jours, on leur donnait de nouvelles feuilles, ce qui leur faisait de dix à douze repas par jour, ou si vous aimez mieux un repas continuel. Convenez qu'on grandirait à moins, pour peu qu'on fût doué d'une puissance de digestion, d'assimilation, en rapport avec cette incessante consommation.

Le quatrième jour cependant je remarquai qu'on ne procédait plus qu'à de très-rares distributions. On me fit en outre observer que la voracité et l'activité de nos petits pensionnaires étaient singulièrement ralenties. Ils grimpaient bien encore à la surface des feuilles, mais c'était pour s'y camper, le bas du corps cramponné, immobile, tandis que leur tête, levée comme pour humer l'air, faisait de temps à autre quelques mouvements saccadés, que je pourrais définir un bercement intermittent et brusque. Je demandai ce que signifiait ce manége. « Ils dorment, me fut-il répondu.

— Ah! pardienne! m'écriai-je, drôle de façon de dormir que d'avoir ainsi le cou tendu et le nez au vent; c'est moi qui ne me reposerais guère si je me tenais de la sorte; mais quand se réveilleront-ils ?

— Demain. »

Le lendemain en effet, quand je rentrai dans leur chambre, je revis tous mes gaillards broutant de plus belle. Mais, outre qu'ils avaient passé de la torpeur à l'animation la plus vive, une véritable transformation physique s'était opérée, qui me les rendait méconnaissables. J'avais laissé un magnifique assortiment de négrillons poilus ; je me retrouvai devant un peuple glabre et jaunâtre. « Ah ! c'est qu'ils ont quitté leur première peau, » me dit la cousine Jayard ; et, pour que la véracité du fait, qui me semblait douteux, me fût bien démontrée, elle attira mon attention sur quelques retardataires qui, encore à demi recouverts de la sombre livrée natale, qu'ils avaient fixée par quelques fils visqueux aux corps environnants, se secouaient, s'étiraient pour en sor-

tir. J'en vis qui, impuissants à déchirer cette enveloppe, devaient y périr étouffés. (D'ailleurs, il en est
ainsi, paraît-il, de la plupart des insectes, pour qui le
passage d'un état à l'autre constitue presque toujours
une sorte de période morbifique très-grave, et en
tout cas un état de grandes souffrances.)

Quoi qu'il en fût, l'appétit de ceux qui avaient
franchi le pas dangereux sans encombre allait son
train, et, comme ils croissaient rapidement, on devait
en même temps augmenter leur ration quotidienne,
et les espacer davantage.

Toutefois, il ne fallait encore chaque jour que
quelques livres de feuilles, dont tels ou tels de la
maison opéraient facilement la cueillette; et, bien
que le nombre des claies eût beaucoup augmenté, la
mère Jayard ou l'une de ses filles suffisait encore
sans peine à distribuer la pâture ou à déliter. Mais,
au bout de quatre autres jours, la grande famille au
fauve vêtement s'endormit de nouveau, pour se ré-
veiller le lendemain dans un surtout d'un blanc
mat et opalin, et pour se remettre à dévorer d'importance.

Dès ce moment l'avitaillement et le soin de tout ce
petit monde aux dents infatigables commencèrent
de devenir une besogne pour ceux à qui la tâche
en incombait. Et ce fut bien autre chose après le
troisième sommeil. Alors il fallut voir, je ne dis
pas la maison du cousin Jayard, mais le pays tout

entier. Alors, pendant que les mères de famille, les filles aînées, les servantes de confiance, confinées dans les chambres que les vers emplissaient, se relayaient pour garnir, déliter, *dédoubler*, partout au dehors on ne voyait qu'hommes, garçons, jeunes filles, enfants, cueillant de la feuille, portant de la feuille, allant chercher de la feuille. Partout contre les arbres des échelles, partout des gens avec des sacoches de toile en bandoulières, partout des têtes dans les rameaux qu'on dépouillait en les faisant glisser dans la main serrée.

Si les *magnanarelles* — comme les appelle Mistral, dans *Mireille* — perchées sur les branches et les échelles, disaient les jolies chansons que leur prête le poëte, je n'en voudrais pas répondre ; mais je sais bien que c'était une animation, une gaîté sans exemple. Et je sais aussi qu'en se rencontrant dans les chemins, en se voyant sur le pas des portes, en se reconnaissant d'un arbre à l'autre, on s'interrogeait avec un intérêt bien senti de la santé, du progrès des *magnans*. On ne s'asseyait guère pour manger, et l'on ne songeait guère à dormir que la provision ne fût faite.

Et pourtant ce n'était pas encore la grande poussée, comme me dit le cousin Jayard : — « Tu verras, petit, tu verras à la *briffe*. »

La *briffe*, qu'on appelle aussi la *frèze;* c'est lorsque, après leur quatrième mue, les chenilles arrivées,

si l'on peut ainsi dire, à l'état adulte, se prennent à
faire ce que j'oserais appeler leur festin suprême,
puisque l'ayant achevé, elles ne songeront plus qu'à
s'enfermer dans un véritable linceul pour ressusci-
ter à la vie ailée.

Quand vint la briffe, ce ne fut plus dans une,
deux, trois chambres que s'étagèrent les claies, il y
en eut dans toute la maison, et jusque dans les
moindres endroits où le rayonnage pouvait s'établir.
Figurez-vous donc cette maison pleine de chenilles
blanches, longues et grosses à peu près comme votre
petit doigt, d'un froid de marbre au toucher, portant
une petite corne recourbée sur le dernier anneau,
et jouant des mâchoires avec un tel entrain, que le
broiement des fibres entre leurs dents produisait un
bruit semblable à celui du grésil que le vent chasse
contre un vitrage (1). Qu'il me suffise de vous
dire que cette multitude qui, à l'origine, pouvait
être rassasiée avec une ou deux livres de feuilles par
jour, en absorbait alors plus d'un quintal, et cela pendant près d'une semaine, et vous devrez vous imaginer l'activité, l'attention réclamée des hommes, des
femmes, chargés de fournir, de répartir cette vic-

(1) Il m'a été dernièrement donné d'entendre de nouveau ce
bruit particulier, en traversant, à Amiens, la magnifique promenade de la Hotoie, dont les arbres se trouvaient alors li-
vrés à des myriades de chenilles processionnaires, qui justement
étaient en pleine *briffe*. C'était comme un sussurement
dans les branches. Ah ! les pauvres arbres !

tuaille, et d'entretenir dans un état de parfaite net-
teté le théâtre de ces exploits gloutons; mais vous
ne vous figurerez pas encore à quelles minuties, à
quelle sollicitude d'ensemble et de détails les servants des vers se trouvent astreints. Il leur faut —
comme d'ailleurs pendant toute la durée de l'éducation — entretenir, régler la chaleur, l'aération,
compter les repas, procéder à propos au dédouble-
ment des lits, être en éveil contre les maladies qui
peuvent se déclarer, et au besoin y opposer le remède
préventif ou curatif. Il leur faut traiter, nourrir à
part les retardataires, les traînards, les éclopés... que
sais-je?... Pendant cinq ou six jours, voyez-vous,
nul dans le pays ne s'appartient ; corps et âme, chacun est aux *magnans*. On ne se relaie plus ; il faut
tout le monde au travail. On dormira, on mangera
plus tard ; maintenant c'est de faire vivre les *magnans* qu'il s'agit ; tout le reste est négligé, oublié.
Et, pendant qu'au logis on veille, on s'évertue, on
s'inquiète, qu'est-ce qu'il en doit être au dehors?

Ah ! c'est alors que le dépouillement d'un mûrier,
même de la plus grande envergure, est bientôt opéré.
On l'attaque à deux, à trois, à quatre, à dix. Des
plantations entières se dénudent par enchantement.
On s'y croirait en plein hiver.

Il y a bien par ci, par là, des gens qui tombent des
échelles, à qui le pied glisse sur les branches, et qui
se rompent des bras, et qui se foulent des jambes·

mais le cas est prévu : pas d'expédition sans blessés
On emporte en hâte le maladroit, dont le médecin
fait son affaire ; et l'on retourne à la feuille d'autant
plus vite que cet incident a causé une perte de
temps, car les *magnans* ne peuvent attendre. S'ils
attendaient, la récolte, le revenu capital de l'année
serait compromis. Le *magnan* est le souverain, le
despote ; le *magnan* commande, *le magnan* est seul
obéi... — C'est la *briffe*.

Mais revenons aux Gargantuas du cousin Jayard.
Vers le quatrième jour leur voracité commença de s'a-
paiser considérablement; le lendemain on n'entendait
plus le moindre bruit de mandibules en travail. Nos
mangeurs, définitivement rassasiés, dédaignaient la
feuille sur laquelle ils se traînaient, lourds, indo-
lents, comme des Sybarites au sortir d'une longue
orgie... Peu à peu leur peau d'un blanc mat tourna
de nouveau au jaunâtre, et leur corps, qui diminuait
de volume en tous sens, prenait insensiblement une
sorte de transparence. En les regardant devant les
rayons d'une lampe, comme on me les fit voir, vous
eussiez dit autant de petits boudins de gélatine sa-
franée. C'était de soie à l'état liquide, glutineux,
que tous étaient pleins. Si j'avais pu en douter, une
expérience ou, mieux une petite opération suffisamment cruelle qu'exécuta devant moi un des jeunes
hommes de la maison, m'en eût fourni la preuve. Celui-là était pêcheur à la ligne passionné, et il s'a-

gissait pour lui de renouveler une de ses provisions
d'engins. Il planta d'abord sur une planche deux
fortes épingles à la distance d'un demi-mètre environ.
Puis il prit par les deux bouts une chenille qu'il
rompit par le milieu ; et, écartant lentement les
mains, il étira, fila, si je puis ainsi dire, la matière
qu'elle contenait et qui s'allongeait ductile et consis-
tante, jusqu'à ce qu'il pût tortiller une des extrémités
du *fil* ainsi obtenu autour de chacune des deux
épingles ; et il le laissa sécher ainsi tendu.

Quand il eut procédé de la sorte avec un certain
nombre de chenilles, il se trouva en possession d'une
petite botte de ces fils auxquels les pêcheurs fixent
leurs hameçons, et qui ont pour eux le double mérite d'être à la fois résistants presque à l'égal du fer,
et translucides comme l'eau, au milieu de laquelle le
poisson ne saurait les distinguer.

« Crins de pêche, crins de Florence : » c'est le nom
qu'on donne vulgairement à ce produit ; mais combien qui l'emploient chez qui cette dénomination doit
faire naître l'idée de quelque volumineux animal,
qu'on en aurait dépouillé sans qu'il eût beaucoup à
souffrir, tandis que ces *crins* ne rappellent rien
moins que le supplice de l'écartèlement infligé à
autant de pauvres petites créatures, qui étaient
loin de penser qu'elles amassaient pour une telle
fin leur fluide et brillant trésor... Mais ne prodi-
guons pas notre pitié à ces quelques victimes iso-

lées ; nous pourrions en être à court tout à l'heure.

Les vers se promenaient donc pesamment, tout en devenant diaphanes, et, comme ils ne mangeaient plus, ni ne devaient plus manger, et que, par consé-quent, il n'y avait plus de cueillettes à faire, je crus que tous ces gens littéralement rendus de fatigue allaient pouvoir respirer un peu. Mais voilà que bientôt nos engourdis se mirent à se démener comme des possédés. Ils allaient, venaient à grands pas, si j'ose dire ainsi, tournaient sur eux-mêmes, secouaient la tête, levaient le museau, cherchaient à terre, à droite, à gauche, en l'air, se dressaient, retombaient ; et l'on pouvait voir que, tout en se livrant à ces évo-lutions, ils jetaient autour d'eux quelques fils, qui pendaient de leurs lèvres comme une fine barbiche blonde. Et alors la mère Jayard de crier : « Leste, leste, mes enfants ! encabanons, c'est le moment, encabanons ! »

On n'avait pas d'ailleurs attendu jusque-là pour apporter dans toutes les ruelles des rayonnages des brassées de bruyères et de genêts secs, à l'aide des-quels les hommes, les femmes se prirent aussitôt à for-mer, en les cintrant, en les arc-boutant entre chaque étage de claies, des espèces de galeries branchues de huit à dix pouces d'ouverture environ, et sur le sol desquelles les vers furent répartis par troupes à peu près égales.

Nous, les enfants, nous avions pour mission de

fournir de matériaux les constructeurs de ces nombreux tunnels de ramures ; et Dieu sait qu'ouvriers et servants se hâtaient, s'actionnaient à l'envi !

Comme pour ma part j'essuyais mon front baigné de sueur, car il faisait ce jour-là une de ces chaleurs suffocantes que parfois dans le midi on ressent dès le milieu de mai : « Allons, petit, encore un peu de courage — me dit le cousin Jayard, tout affairé à son importante besogne — tantôt tu te reposeras, et pendant huit jours tu n'auras plus rien à faire, sinon à regarder monter les vers, si ça t'amuse. »

Les galeries terminées, je pus voir en effet que chacun s'en allait d'ici, de là, pour savourer les loisirs qui enfin lui étaient faits. Moi, je restai dans la salle principale, où un spectacle tout nouveau me retenait, car presque aussitôt, aux brindilles d'arbrisseau qui formaient les parois des galeries, grimpèrent, se suspendirent des bandes, des processions de vers qui, après s'être installés dans quelque enfourchure, commencèrent à tendre à droite, à gauche, au-dessus, au-dessous d'eux, tout un enchevêtrement de fils, au milieu desquels ils se mouvaient avec une sorte de grave lenteur.

Deux ou trois heures plus tard, quelques-uns d'entre eux n'apparaissaient même déjà plus que comme de mystérieux personnages, se dodelinant dans un large palanquin de gaze dorée. Puis, peu à peu, fil à fil, la gaze s'épaississait, et l'espace où le fileur se balançait allait se restreignant... Et ils étaient environ cent cinquante mille (1) qui, avec plus ou moins d'avance les uns sur les autres, se berçaient avec la même cadence, s'enveloppaient des mêmes voiles.

Les bras pendants, la bouche béante, l'esprit ravi, je ne me trouvais pas assez de regards pour contempler tous ces silencieux et méthodiques artisans. Mais soudain rentra, la mine singulièrement inquiète, le cousin Jayard qui, allant à sa femme profondément endormie sur une chaise, la tête appuyée au bord d'un des rayons, et lui posant une main sur l'épaule : « Dis donc, Jeanne, fit-il, d'un air effaré, voilà que le ciel est tout noir du côté d'en bas, j'ai grand'peur que ce ne soit quelque orage qui s'amasse.

— Un orage, mon Dieu ! s'écria la bonne femme qui se leva, et parut livrée à une véritable épouvante, un orage, est-ce possible? »

Moi je dis : « Eh bien! s'il fait de l'orage, il pleuvra ; et s'il pleut, ça rafraîchira le temps ; et ce ne sera pas dommage, car la chaleur est vraiment trop forte. »

Alors, me frappant doucement sur la joue. « Pauvre petit, me dit d'un ton d'indulgente ironie le cousin Jayard, qui riait péniblement, tu ne sais pas, toi, qu'un orage peut faire *tomber* les magnans,

(1) On compte que 30 grammes d'œufs donnent de 35 à 40,000 vers.

et être cause que toutes nos dépenses de travail et d'argent soient perdues. « Puis, s'adressant à sa femme : « Viens voir ; tu jugeras. »

Ils sortirent. Je les suivis.

Devant la maison, sur une espèce de terrain vague, qui était comme la place publique du hameau, nous trouvâmes une nombreuse réunion de gens qui tous avaient les yeux anxieusement fixés sur un point de l'horizon où montaient, lourdement accumulés, de houleux flocons d'un gris plombé. Autour de nous l'atmosphère était d'une immobilité morne et pesante, mais au loin, sur la crête du coteau, on pouvait voir les oliviers échevelés par la tourmente.

Bientôt un grand zigzag éblouissant raya la sombre masse, et un sourd grondement s'entendit.

« Ah ! c'est l'orage ! c'est l'orage ! » firent les hommes, qui branlaient piteusement la tête.

« Jésus ! bonne Vierge ! ayez pitié de nous ! » soupirèrent les femmes en se signant.

Et tous ces gens se dispersèrent pour rentrer dans leur maison, où peut-être il allait leur être donné de voir toutes leurs espérances de la saison réduites à néant, par une force contre laquelle aucune lutte n'était possible.

On avait déjà arrosé le plancher de toutes les chambres, pour que la lourde chaleur qui régnait fût un peu conjurée. On tira en hâte les matelas des lits, on les suspendit, on les appliqua devant les fenêtres, dans l'espoir sans doute d'assourdir à l'intérieur les bruits du dehors, ou d'intercepter les vibrations de l'air, auxquelles était attribué un effet funeste aux petits ouvriers.

Avec quelle ardeur désespérée jeunes et vieux s'étaient remis à la besogne!... Précautions bien superflues cependant, car, à peine cette installation était-elle achevée, qu'une forte détonation ayant retenti, on vit aussitôt çà et là maint travailleur choir du cintre des galeries, ou s'affaisser inerte dans le réseau si activement ébauché. On eût dit que l'on secouât des arbres chargés de fruits mûrs.

A cet instant il y eut même comme un arrêt général dans le labeur. Quelques-uns des travailleurs ayant été précipités pour ne plus se relever, il sembla que tous les autres n'attendissent plus que le coup fatal.

Je vous laisse à penser l'angoisse, la cruelle anxiété au milieu de laquelle s'accomplissait l'œuvre de destruction. Les bras se levaient, les soupirs se poussaient, les larmes coulaient. Les regards attachés sur cette chère petite population menacée de mort, au moment même où elle allait réaliser toutes les riches espérances fondées sur elle, chacun écoutait en retenant son haleine.

Encore un éclat de la foudre, et ce pouvait en être fait de la récolte...

Mais, au lieu du fracas redouté, ce fut soudain un bruissement sourd qui se fit entendre.

La nue s'était ouverte. La pluie qui tombait à torrent, fouettait en roulant le toit de la maison, et clapotait au pied des murs.

Et le tonnerre se taisait...

Presque aussitôt une sorte d'allégement s'était fait dans l'atmosphère ; l'air sembla en courant moins dense dans les galeries y porter le mot d'ordre de la reprise des travaux. Partout, de nouveau, reparurent l'énergie, l'animation.

Alors je vis les yeux s'essuyer et les fronts s'éclaircir. Puis comme on ne distinguait plus même le bruit de la pluie sur les tuiles : « Dieu béni ! fit la mère Jayard, en m'embrassant avec un véritable transport de joie, je crois que nous en serons quittes pour la peur.

— Viens voir, femme, viens voir ! » criait le père Jayard qui était allé sur la porte de la rue.

Nous courûmes vers lui.

Le soleil, qui brillait radieux derrière la maison, peignait au-dessus du vallon, sur les nuages qui s'é loignaient, un magnifique arc-en-ciel.

« Les deux bouts sur les coteaux, dit le cousin ; c'est beau temps (1).

(1) Il est de croyance, en certain pays, que l'arc-en-ciel portant sur les hauteurs indique le retour du beau temps, tandis que s'il plonge dans les lieux bas ou humides, c'est signe de continuation de la pluie.

— Certes! » fit la cousine.

Et la maison redevint pleine de joie et d'espoir.

Les quelques morts — ils étaient bien morts — enlevés des galeries ; il n'y eut plus pendant une semaine qu'à regarder les *magnans* travailler, c'est-à-dire s'enfermer petit à petit dans leur prison d'or et d'argent — je dis d'or et d'argent, car il y a des vers, et c'est le plus grand nombre, qui filent de la soie jaune, tandis que d'autres donnent un fil du blanc le plus pur.

Dès le second jour, c'était à peine si l'on apercevait encore ceux qui s'étaient mis les premiers à l'ouvrage derrière le tissu qu'ils obtenaient en décrivant avec leur tête, d'où s'échappait la précieuse matière, un nombre indéfini de 8 successifs — manœuvre à peu près semblable à celle d'une personne qui arrose un plancher avec un arrosoir à un seul trou. — Mais il fallait, me dit-on, quatre jours environ pour que les vers eussent achevé leur coque, ou plutôt leur *cocon,* — c'est le terme consacré — qui est composé de quelque cinq ou six cents mètres de fil.

Ce magnifique travail achevé, la chenille, qu'on ne voit plus, cesse presque aussitôt d'avoir sa forme de chenille, et tombe dans l'étrange léthargie dont la nature a fait pour la plupart des insectes l'élément des métamorphoses ; son corps se raccourcit, ses téguments extérieurs se durcissent, brunissent ; sous cette espèce d'étui corné un thorax s'accuse, auquel

s'attachent des pattes articulées ; des ailes poussent ;
des antennes plumeuses se développent, les anneaux
inférieurs se renflent en abdomen velu.... Enfin, au
bout de deux semaines, un papillon — ou plutôt une
phalène, car il s'agit d'un insecte nocturne — percera
la coque où il s'était enfermé chenille, il s'élancera,
appelé par l'amour, l'hymen, la maternité... Tel est
du moins le vœu de la nature. Mais ce qui est selon
les desseins premiers du Créateur, et pour la dilec-
tion des créatures, n'est pas toujours conforme aux
intérêts du *Roi de la création*.....

Vers la fin de la semaine, la même femme qui avait
crié : « Encabanons ! » se prit à dire de la même
voix : « Allons ! il faut *déramer !* »

Et l'on se prit à déramer, ou, si vous aimez mieux,
à détacher des rameaux, où elles étaient posées comme
autant de fruits brillants, ces coques dont chacune
emprisonnait une des chenilles en voie de transformation.

Ah ! comme de nouveau l'on s'attela gaîment à
cette facile tâche, et comme gaîment on la continua
jusqu'à ce que tous les brins de genêt et de bruyère
fussent dépouillés... Oh ! la splendide cueillette que
celle-là !

Combien de corbeilles emplit-on ? je ne sais plus ;
mais il me souvient qu'une petite salle, où on les
allait vider à mesure qu'elles étaient comblées, se
trouva encombrée jusqu'à hauteur de ceinture. Le

père Jayard, qui se caressait le menton en contemplant cette belle provision, affirma qu'il devait bien y avoir au moins quatre quintaux de cocons (en bonne moyenne d'ailleurs, trente grammes de graines produisent cinquante kilos de cocons, et il faut environ mille kilos de feuilles pour la nourriture des vers qui donnent cette récolte).

« Mais — dis-je, moi enfant curieux, en entendant que le cousin Jayard parlait de vendre tout cela dès le lendemain — comment prendra-t-on la soie qui est sur ces cocons ?

— Ah ! ça, petiot, c'est l'affaire des filateurs, me repartit le cousin ; quant à nous, il ne nous reste plus qu'à passer les cocons au four, et tout sera dit...

— Au four ? répétai-je. Pourquoi faire ?

— Pour étouffer les bêtes qui sont dedans, pardienne ! sans ça dans quelques jours tous les papillons sortiraient, et on ne pourrait plus tirer des cocons percés que de la bourre à carder, et non des fils longs et réguliers.

— Ah ! »

On chauffa, en effet, le four banal du hameau beaucoup moins que pour cuire le pain, mais assez pour opérer la suffocation des pauvres petits ensevelis, qui dormaient peut-être en rêvant d'une joyeuse, d'une amoureuse résurrection. Corbeille par corbeille, tous y passèrent. Cent cinquante mille meurtres accomplis d'un coup, et avec la plus parfaite tranquil-

lité de conscience, je vous jure ! mais songez donc .
si on n'en avait rien fait, quatre quintaux de beaux
cocons ne fussent pas allés au filage ; et partant une
fière poignée d'écus ne fût pas entrée dans la crédence
du cousin Jayard ; et enfin, et surtout, combien de
robes, d'écharpes, de dentelles, de rubans n'eussent
pas été mis à la disposition des élégantes. — C'est
une raison concluante, oui-dà !

J'ai tâché de vous faire assister sur la foi de mes
souvenirs à une de ces *éducations* élémentaires, primitives, telles qu'elles se pratiquaient à peu près généralement à l'époque où, enfant, j'ai pu en être témoin, et telle qu'on en retrouverait, je crois, bien
des exemples encore, dans nos départements méridio-
naux, en Italie, en Grèce. Mais, depuis quelque vingt
ou trente ans, cette industrie a fait d'immenses progrès, grâce aux études, aux recherches, aux expériences des hommes éclairés et spéciaux. Aujour-
d'hui, les *magnaneries* ne sont pas rares où l'on élève
jusqu'à trente et quarante *onces* de graines — que,
par parenthèse, les femmes ne couvent plus. — Ces
magnifiques établissements, où tout se fait en vertu
des théories acquises, où les découvertes de la science
sont aussitôt appliquées, essayées, sont, à la pauvre
maison encombrée de claies de mon cousin Jayard,
ce que les fermes-modèles sont aux exploitations des
petits métayers ignorants et routiniers.

Dieu sait donc si les intelligents et laborieux éleveurs qui dirigent ces entreprises, doivent être placés sur l'échelle industrielle, loin des bons citoyens du Céleste Empire qui, favorisés, il est vrai, par le plus clément des ciels, prennent tout simplement la peine de déposer une certaine quantité d'œufs éclos ou à éclore sur un mûrier en plein vent, et reviennent au bout d'un mois *déramer* sur les branches : cela à cinq ou six reprises dans le courant de l'année ; et depuis combien de siècles?... Nul ne le saurait dire ; car tout porte à croire que, déjà du temps d'Alexandre, c'était de la Chine que venaient les soies dont parle Aristote, qui attribue à une certaine Pamphile de l'ile de Cos l'idée de former des tissus avec cette matière arrivant d'Asie « enroulée sur de petits fuseaux. »

C'est de Cos que provenaient ces tissus, si transparents, si délicats, qui étaient dans l'antiquité l'objet du luxe le plus recherché, et qu'on qualifiait de *vent tissé* ou bien de *tissus de verre*. Une fois, Sénèque reprocha aux dames de laisser voir leurs charmes au travers. Tibulle veut que sa Némésis soit couverte des étoffes fabriquées par l'ouvrière de Cos...

Le prix attaché à la soie était si grand, la valeur en semblait si considérable, si majeure, si je puis ainsi dire, que les Romains donnèrent le nom de *Sères* (de *sera*, soie) aux nations non subjuguées, ou inconnues qui, du milieu de l'Asie, leur envoyaient cette précieuse matière. Et, d'ailleurs, les plus étranges suppositions étaient faites alors sur l'origine de la soie? Tels l'attribuaient à une petite araignée brillante; d'autres en faisaient une sorte de laine végétale, et c'est l'opinion de Virgile qui dit : « T'apprendrais-je comment les *Sères* détachent des feuilles de leurs arbres la plus fine toison? » D'autres enfin, plus aventureux, y voyaient une condensation des rayons du soleil, par une disposition particulière de l'atmosphère.

C'est seulement vers le milieu du premier siècle de notre ère, que Pline, le naturaliste, décrivit les travaux du bombyx — nom qui est resté techniquement au ver à soie. — Les tissus de soie se vendaient encore à cette époque au poids de l'or, et peut-être ne fut-ce pas une des moindres raisons qui les firent rechercher par les fastueux maîtres du monde. D'abord cependant les dames seules s'en parèrent, mais les hommes y prirent goût à leur tour; et nous voyons sous Tibère un édit interdisant les vêtements de soie à la gent masculine. — Mais il en peut être des Empereurs comme des jours, qui se suivent sans se ressembler. Trajan et Marc-Aurèle refusaient obstinément les robes de soie dont les envoyés des peuples asiatiques voulaient leur faire cadeau. En revanche, Héliogabale, qui n'est d'ailleurs connu que pour ses extravagantes débauches, ne voulait porter que des habits de soie; mais l'on raconte qu'Aurélien, à qui sa femme demandait une robe de soie, lui répondit : « Jupiter me préserve de donner tant d'or pour aussi peu de fil. »

Dès les premiers temps du christianisme, la voix des évêques, des Pères s'éleva pour tonner, mais en vain, contre le luxe effréné des vêtements de soie. Vous voyez que les demoiselles Benoiton peuvent arguer d'une respectable généalogie.

Bien qu'on eût acquis des notions plus certaines sur cette industrie, longtemps encore la production de la soie, et la fabrication des tissus qu'elle donne, restèrent le privilége de l'Orient. C'est seulement au milieu du vi^e siècle que des moines revenant de l'Asie centrale apportèrent à Constantinople les premiers œufs de vers à soie, — qu'ils auraient, dit-on, soustraits et cachés au péril de leur vie dans des bâtons creux. Il y a toute une légende sur cet événement, véritable légende à bien prendre, car, qu'eussent fait des vers à soie sans mûriers? et y avait-il des mûriers à Constantinople?... — Mais ne cherchons pas querelle aux gens qui aux temps passés ont poétisé l'histoire : tant de cervelles sont de nos jours affectées du travers contraire!

La sériciculture passa en Sicile au xiie siècle : puis elle gagna les terres du pape, la Toscane, la Lombardie, le Piémont. Elle vint en France avec le saint-siége. Les premiers mûriers furent plantés autour d'Avignon, dont les manufactures de soieries sont incontestablement les plus anciennes qu'ait portées notre sol. Puis l'élevage du bombyx s'étendant le long du Rhône, se propagea jusqu'à Lyon, qui devait devenir, et qui reste encore, la métropole du travail de la soie.

Aujourd'hui, c'est à peu près sur tous les points du globe que croissent les mûriers, et que se récolte cette matière qui, — dit M. Alcan, dont la parole fait autorité dans la science des industries textiles, — est parmi les autres fils ce que l'or est parmi les métaux. C'est en Espagne, en Italie, en Perse, au Japon, en Algérie... L'Amérique même s'adonne à la précieuse industrie; la République de l'équateur, tout nouvellement entrée dans cette voie, compte déjà cinq cent mille pieds de mûrier, et expédie sur les marchés manufacturiers de très-belles soies. Mais, pour peu que la fibre nationale soit impressionnable en vous, vous allez, je pense, vous redresser singulièrement, quand je vous dirai que les soies les plus estimées, et partant les plus somptueuses, sont encore celles qu'on obtient sur notre terre de France, qui, année moyenne, en fournit à l'industrie pour une somme de CENT MILLIONS.

IV

Un jour, j'allais rôdant par la galerie des machines de l'Exposition universelle. Il m'arriva de remarquer dans un des *secteurs* de la division des Colonies françaises, un tout petit appareil qu'un homme faisait fonctionner, en tournant lentement une manivelle, et qui, je dois le constater, n'arrêtait pas beaucoup les passants.

Tout le mécanisme, à vrai dire, se bornait à deux ou trois pièces d'engrenage imprimant le mouvement à une couple de cylindres, longs au plus de vingt centimètres, tournant l'un sur l'autre entre deux montants de fonte, et flanqués d'une espèce de volet, sur lequel de temps en temps l'homme posait une poignée de bourre blanche, qui s'engageait entre les cylindres, et y passait brin à brin, en laissant retomber dans une auge de tôle un certain nombre de grains noirâtres.

« Qu'est-ce donc que cette machine? » demandaient d'aventure, mais sans trop de curiosité, de rares visiteurs à l'homme qui tournait la manivelle.

L'homme, qui n'était autre que l'inventeur lui-même, répondait d'un ton prouvant qu'il se sentait en droit d'attirer quelques regards attentifs sur sa machine : « C'est une *égreneuse* de coton.

— Egreneuse de coton ! — répétaient tranquillement, avec une profonde indifférence, la plupart des questionneurs, — ah ! » Et ils passaient.

Quelques-uns cependant s'arrêtaient. A ceux-là l'homme expliquait comme quoi le coton, qui n'est autre chose qu'un duvet renfermé dans le fruit d'un arbrisseau, adhère très-intimement, quand on le récolte, aux graines de cet arbrisseau, comme par exemple nous voyons dans nos champs de légères aigrettes adhérer à la graine du pissenlit ou du chardon. Il leur disait qu'à l'origine l'opération qui a pour objet de séparer ce duvet de ces graines, se faisait à la main, et qu'alors une personne ne pouvait guère *égrener* dans une journée qu'un demi-kilo de coton, tandis qu'avec sa machine, — qu'il n'avait pas d'ailleurs la prétention de donner comme la première inventée, mais seulement comme une des plus simples qu'on pût affecter à cet usage, — un ouvrier en épluchait jusqu'à 50 ou 60 kilogrammes.

Je fus moi de ceux qui s'arrêtèrent pour voir fonctionner la machine, en écoutant ce que l'homme disait. Avant d'aller plus loin, je pris, je ne sais pourquoi, dans l'auge où elles tombaient, cinq ou six des graines que les cylindres avaient dépouillées de leur duvet. Après les avoir tenues un instant à la main, je les mis dans ma poche; et je n'y pensai plus...

Mais voilà que, le lendemain, le hasard me fit ouvrir une Revue qui était sur ma table, à une page où je vis constaté que la seule industrie européenne reçoit, année moyenne, des divers pays qui le produisent, environ un MILLIARD de kilogrammes de coton. Alors et comme instinctivement, je recherchai mes graines noirâtres, et, les ayant posées devant moi, ce fut avec une certaine émotion que je les regardai, et qu'en les regardant, je me pris à rêver, — oui, Madame, à rêver pour tout de bon.

Vous allez certainement trouver qu'il faut que j'aie en ce cas le rêve aussi facile que l'émotion. Je n'en disconviens pas; mais, je vous le demande, s'il vous arrivait quelque jour d'entrer dans un des ateliers où se préparent les cartouches pour l'armée, voudriez-vous affirmer qu'en regardant travailler les ouvriers, vous sauriez vous préoccuper seulement de la manière dont ils s'y prennent pour enfermer dans un cornet de papier un petit lingot de plomb, en compagnie de quelques pincées de poussière noire? Ah! je parierais bien que non! Ah! je sais bien les images qui se présenteraient à votre esprit. Ah! je connais bien le sentiment qui vous prendrait le cœur !... Les deux sébiles de bois placées devant l'ouvrier, et contenant, l'une la poudre, l'autre les balles, feraient apparaître pour vous toutes les sanglantes horreurs de la guerre. Vous entendriez le bruit des armes et les cris des blessés ; vous verriez les scènes de carnage et vous compteriez les morts ; et, l'âme troublée, vous maudiriez, j'en suis sûr, les prétendues haines nationales, les prétendus intérêts d'États, au nom desquels on fait tant de pauvres diables s'entr'égorger, qui n'eussent pas demandé mieux que de rester à l'atelier ou à la charrue... — Et vous auriez raison.

Eh bien ! de même que la seule vue de ces lingots, pe cette poussière, ne saurait manquer de vous suggérer ces idées pénibles : de même l'aspect de ces pauvres petites graines brunes me transporte dans une de ces sphères pacifiquement animées où l'esprit aime à se trouver, parce qu'il y voit hautement manifesté, au lieu des sots antagonismes et des barbares dissidences, le grand et consolant principe de l'union par et pour le travail. Je les regarde, et je vois sur les rives de l'Ohio, comme sur les coteaux du Gange ; dans les îles de l'Archipel grec, comme dans les plaines du Nil ; aux bords du San-Francisco Brésilien, comme sur les alluvions du Sénégal ; aux Antilles, comme en Murcie; dans les champs du Céleste Empire, comme dans notre colonie algérienne ; je vois des milliers et des milliers d'hommes, faces

blanches et peaux d'ébène, se consacrer à la plantation, à la taille, à l'arrosement du précieux et délicat
arbrisseau. Je vois les terres remuées, les fosses ouvertes, où la noire semence est jetée, qui, au bout
d'une semaine déjà, a poussé vers le ciel ses pâles
gemmules ; j'assiste aux soins nombreux qu'exige
son entretien ; je vois venir, la pioche ou la serpe à
la main, ces légions actives qui doivent l'émonder
ou le débarrasser de ses nuisibles voisins ; je m'inté-
resse au creusement des canaux d'irrigation, qui
répandront dans le sol où il végète la fraîcheur qui,
sous un ciel ardent, hâte et favorise son développement. Je compte avec le colon les jours qui s'écoulent dans l'impatient espoir de la première fleur ; et,
quand cette première fleur s'est ouverte en étoile sa-
franée ou tachée de pourpre, je me convie à la fête
qui met en liesse la rustique maisonnée. Puis j'attends la venue des fruits, des capsules. Les voilà qui
se forment, qui se développent, qui s'enflent, qui se
gonflent... et qui éclatent enfin, en montrant par
leurs *crevures* la blanche ou blonde toison qu'on va
se hâter de recueillir. Ah ! comme elle s'anime alors
la plantation ! Ils arrivent les *cueilleurs*, ils portent
devant eux un sac à deux au trois compartiments.
Ils sont armés de ciseaux. Placés sur un seul rang,
ils abordent tous ensemble les lignes d'arbrisseaux.
Ils coupent une capsule, détachent les restes du calice
qui se sont étendus sur le fruit, puis, le duvet saisi,

ils le jettent, selon sa qualité, dans tel ou tel des compartiments de leur sac... Puis les sacs vont se vider au bout du champ dans des corbeilles... Et cette cueillette se prolonge pendant un mois; car tous les fruits n'ont pas mûri en même temps...

J'assiste encore au séchage de la récolte. Puis je suis témoin de l'égrenage. Là, dans les cultures primitives, je trouve des multitudes de femmes qui séparent une à une les graines du duvet, et qui se consacrent pendant de longs jours à cette besogne aussi lente que fastidieuse... Mais si j'aborde les grands centres de production, j'entends grincer les *saw-gin,* où agit un système de scies; ou bien les *roller-gin,* que rappelle la machine dont je vous entretenais tout à l'heure. Puis les balles s'emplissent, suspendues par quatre cordes, et dans lesquelles un ouvrier descend pour fouler par son propre poids le coton qui va franchir les mers.

Puis les navires s'encombrent, et les voiles s'ouvrent, ou les feux s'allument... Et c'est par millions de kilogrammes partant d'ici, allant là, et de mille points du globe à la fois, que le milliard se réalise. Et il sort d'une petite graine noire, ce milliard, qui alimente les innombrables usines, qui appelle au sein du labeur des peuples d'ouvriers, et qui donne aux riches le luxe, comme aux pauvres le confort. Il devient la tenture somptueuse du palais, comme le plus humble des vêtements. Il ondoie diaphane sur les épaules d'une reine, comme il défend du froid les membres du pauvre enfant... Petite graine noire, sois bénie ? *Roi Coton*, puisque c'est ainsi que t'appellent les Anglais — roi qui règnes, et par la beauté, et par les bienfaits, je te salue !...

V

LA LAINE

Une fois il m'arriva de placer dans un récit certain personnage de berger dont j'avais — comme nous disons, nous, les rêvasseurs — caressé amoureusement la création. J'avais imaginé un homme qui, né avec une âme essentiellement contemplative et indolente, n'avait rien trouvé de mieux pour échapper aux difficultés, aux soucis de la commune existence, que d'éteindre en lui les passions, les besoins, qui l'eussent condamné à la commune dépense de labeur et de préoccupation, et de prendre entre toutes les professions celle qui exige le moins de fatigues corporelles et mentales. Devenu gardeur de troupeaux, mon héros trouvait dans cette *oisive* condition la plus parfaite réalisation de l'idéal qu'il s'était formé, et qui consistait à réclamer aussi peu que possible de la société, afin d'avoir d'autant moins à lui rendre.

Comment j'avais été conduit à choisir cette pro-

fession plutôt qu'une autre pour en faire le lot de
mon paresseux : je me l'explique ainsi : d'abord il
me souvenait qu'enfant j'avais mainte fois accompa-
gné, par les bruyères ou les prairies, certains de mes
petits camarades, que leurs parents envoyaient aux
champs avec une couple de chèvres ou de génisses; et
je n'avais pu oublier combien peu le soin de ces animaux faisait obstacle à la continuité de nos jeux.
N'avais-je pas plus tard entendu dire et répéter que
les pâtres Chaldéens, grâce à la longue inaction physique où les laissait la garde de leurs troupeaux,
avaient pu se plonger dans la placide contemplation
du firmament, à ce point de fonder la science astro-
nomique? Puis encore n'avais-je pas lu, appris par
cœur l'antique églogue où Tityre, le classique, Tityre « *recubans sub tegmine fagi, lentus in umbra,*
couché sous les rameaux du hêtre, étendu à l'ombre » module sur ses pipeaux les louanges du Dieu
qui lui *fit ce repos?*

Quoi qu'il en fût, convaincu d'avoir tracé dans
des données vraisemblables un type de sympathique
égoïste, d'honorable paresseux, et d'ailleurs ayant
rencontré çà et là, dans le monde des critiques, plus
d'un témoignage approbatif à l'adresse de mon philosophe en houlette, j'éprouvai — je vous l'avouerai,
avec toute l'immodestie dont je suis capable — quelque satisfaction à me dire le père de ce pittoresque
enfant.

Mais voilà que, comme je me délectais dans le sentiment de cette heureuse paternité, la lettre suivante m'arriva :

« Si je prends la liberté grande de vous écrire, Monsieur, c'est que je suis berger de mon état, et qu'en ce moment il court par chez nous un livre, que vous avez, dit-on, fait, et que les gens du pays ont l'air de tenir pour plein de vérités, tandis que je suis d'avis, moi, qu'il est au contraire tout farci de mensonges. J'en juge par ce qui concerne le berger dont il est parlé dans le livre, et je me dis que le reste ne peut être qu'à l'avenant. Où diable avez-vous pu voir des bergers de cet acabit? Vous aurez certainement pris, comme on dit, l'affaire sous votre bonnet. Alors je pense que vous auriez bien dû l'y laisser. Voyons, Monsieur, une supposition — je ne sais pas quel état vous avez (car je ne suppose pas que c'en soit un qui puisse vous faire gagner honnêtement votre vie, que de mettre dans les livres des histoires si peu vraies que celle-là), mais enfin, pour vous choisir une belle condition, je suppose que vous soyez cordonnier ou tailleur, et qu'il soit reconnu dans votre quartier que si vous arrivez à faire sortir d'assez bonnes journées, c'est en battant dru la semelle, ou en tirant bravement l'aiguille tant que faire se peut. Seriez-vous donc bien aise que tout par un jour certaine mauvaise langue se trouvât, qui s'en viendrait répétant de porte en porte, aux alentours de chez

vous, des propos dans ce genre : « Vous vous imaginez qu'un tel, le tailleur ou le cordonnier, est un
vaillant compère courageux et solide à la besogne,
suant son gain sou à sou. Mais c'est au contraire le
plus grand fainéant que la terre ait jamais porté.
Vous croyez qu'il trime, qu'il se fatigue... Ah bien
oui ! il prend tout bonnement une longueur de drap
ou un carré de cuir ; il se couche auprès, sa pipe
allumée, il regarde s'envoler la fumée ; et voilà un
habit, ou une paire de souliers qui se fait toute seule.
C'est d'ailleurs ainsi que tous les cordonniers, que
tous les tailleurs travaillent. Et il y a vraiment
compassion à se dire qu'on les estime pour courageux ouvriers, et qu'on paie si grassement leur prétendu labeur. »

N'est-il pas vrai, Monsieur, qu'il ne vous plairait
guères de vous entendre juger de la sorte, et, avec
vous, tous ceux de votre état, du moment où vous
auriez conscience de gagner avec force peine et tra-
cas les moindres pièces qui entrent dans votre gous-
set. Et pourtant avez-vous fait autrement envers les
bergers, que vous avez montrés comme gens tout de
loisir et de paresse, tandis que s'il y a au monde
gens qui travaillent et sont en souci de leur besogne
du matin au soir, et le plus souvent aussi du soir au
matin, c'est à coup sûr les bergers. Et voilà justement ce qui me fâche de voir que, sans profit pour
vous, vous n'ayez pas eu scrupule de déconsidérer

de braves chrétiens qui ne vous ont point fait de
mal, je suppose. Il y a par le monde un tas de gens
qui aiment à parler de tout sans rien savoir; vous
me faites bien l'effet, sauf le respect que je vous dois,
d'être un peu de ceux-là, au moins touchant les
bergers, vu que, franchement, vous en raisonnez
comme un aveugle des couleurs. Il faut que vous
n'ayez jamais connu, ni vu de berger. Je m'étais
laissé dire qu'à la ville on trouverait des gens pour
s'imaginer que le blé est une espèce de sable qui se
trouve à la pelle dans les champs. Je n'en croyais
rien : mais je n'en doute plus maintenant que vous
voilà, vous, qui semblez faire entendre que la laine
vient sur le dos des moutons, sans qu'il soit besoin de
prendre d'autre souci que de la regarder tranquillement pousser. A votre avis, un berger ne serait guères mis en la compagnie d'un troupeau que pour
avoir avec lui un chien, qui serait chargé d'empêcher
le bétail d'aller là où il ne faut pas qu'il aille, de
l'emmener de la ferme le matin et de l'y ramener le
soir. Et ce serait tout. Au moins êtes-vous, par là,
juste envers les chiens; ces braves êtres méritent du
reste qu'on parle bien d'eux, et qu'on fasse cas des
grands services qu'ils rendent dans les pays de ber-
geries, vu surtout que, pour se donner tant de mal,
ils n'ont jamais d'autre intérêt que de prouver à leur
maître qu'ils savent bravement gagner leur pauvre
nourriture de chaque jour. Ah oui! les chères, les

bonnes bêtes, on ne les saurait trop louanger, on ne
les saurait trop aimer. Et pourtant, à part les honnêtes bergers — comme le vôtre d'ailleurs — qui ont
une vraie amitié pour leur chien, qui est-ce qui
s'inquiète d'eux? qui est-ce qui pense, aussi bien
dans le monde riche que dans le monde pauvre, où
chacun mange la viande ou s'habille avec la laine
des moutons qu'ils ont si bien gardés, si bien défen-
dus, qui est-ce qui pense leur devoir la moindre
chose, après la méchante gamelle de pommes de
terre qu'on leur aura donnée? Quand le fermier a
fait la tonte de son troupeau, ou qu'il a mené ses
moutons ou porté ses laines au marché, d'où il revient chargé de bons écus sonnants, croyez-vous
qu'il songe à caresser seulement le vieux Labri, ou
le gros Rustaud qui lui fait fête en le voyant arriver? « Hou! le vilain chien, veux-tu te sauver! »
C'est le bonjour qu'il reçoit; et il s'en va tout pe-
naud, lui qui aurait le droit d'être si fier, il s'en va
rejoindre le berger, par qui au moins il est à l'ordinaire bien reçu. Ah! que de gens qu'on voit se pa-
vanant, se vantant, se gonflant, et qui ont l'estime,
et les honneurs, et l'argent... et qui ne font pas, à
condition égale, le tiers du quart de ce que font ces
braves chiens qui, encore qu'on les rudoie, qu'on les
nourrisse à peine, sont toujours prêts à travailler
jusqu'à ne plus pouvoir remuer, jusqu'à tomber sans
souffle. Ah! vous autres, gens de la ville — mon

Dieu! la chose ne vous coûtera guères! — donnez
une bonne pensée, une pensée de cœur, aux chiens
de berger qui ont souvent faim, souvent froid, qui
se tuent à la peine, pour qu'arrivent chez vous bienfaisante pitance et chauds vêtements! — Et, pendant
que vous y serez — la tâche ne vous en deviendra
pas plus lourde — n'oubliez point les bergers, qui
sont loin d'être les paresseux (les insouciants com-
pagnons que vous pouvez croire), et qui travaillent
beaucoup pour rester toujours assez pauvres. « Tant
vaut le berger, tant vaut le troupeau, » c'est le vieux
proverbe des campagnes, qui prouve bien qu'on at-
tend d'un berger autre chose que sa seule présence à
l'entour des moutons. Savez-vous, — non, vous ne le
savez pas ; mais je vous le dis pour que vous le sa-
chiez à l'avenir — qu'un bon berger, outre qu'il est
d'abord gardien et conducteur de son troupeau, doit
encore être herboriste, pour savoir se rendre compte
des herbages qui conviennent à ses bêtes ; médecin,
pour connaître quand elles sont malades ; apothi-
caire, pour leur faire des remèdes ; chirurgien, pour
les saigner, les panser ? — Ils sont souvent malades,
les moutons. — Savez-vous qu'un berger doit être
soigneux jusque-là, d'éviter pour ses bêtes les chemins où leurs pieds pourraient se souiller dangereusement ; de leur choisir, selon l'heure ou la saison, tel
ou tel quartier de pâture ; de les conduire, le matin
en plein air, et, au milieu du jour, à l'ombre, et sans

jamais les trop presser, parce qu'ils se blesseraient, s'essouffleraient? Savez-vous qu'il lui faut veiller sur l'entretien, sur la propreté des étables? Savez-vous qu'il doit aux entre-saisons distribuer lui-même la nourriture en la variant, pour que le troupeau ne souffre pas du passage des mangers secs aux mangers verts? Savez-vous qu'il doit régler aussi la boisson selon le temps? Savez-vous qu'il doit s'occuper des mariages, des naissances avec plus d'attention, croyez-le bien, que tous les maires et adjoints, s'il ne veut pas voir s'amoindrir la qualité de la chair et des toisons — des toisons surtout? — Savez-vous qu'il lui faut s'inquiéter des agneaux pendant plusieurs jours? Savez-vous qu'il doit aussi traiter les mères, qui veulent des soins comme toutes les accouchées, et qui périraient s'il les abandonnait à l'aventure? Savez-vous qu'à la ferme il ne couche jamais ailleurs que dans l'étable même de ses bêtes?.. Et quand on fait *parquer* les troupeaux pour la fumure des terres — il y a des pays où ils parquent pendant sept ou huit mois — savez-vous qu'alors le berger passe pendant sept et huit mois, sans quitter ses habits, toutes ses nuits dans la cabane roulante qui est à côté du parc? Et, ce parc, savez-vous qu'il est obligé de le changer de place tous les jours à lui seul, et que, chaque nuit, outre qu'il doit être sur pied au premier bruit, il faut encore qu'il aille par deux ou trois fois faire passer le troupeau d'un compartiment du parc dans l'autre, pour égaliser la fumure du champ? Savez-vous qu'au soleil levant, encore que souvent il ait à peine dormi, il doit se mettre en route pour les pacages, qui sont quelquefois très-éloignés du parc — où il devra revenir à la nuit tombante?.... Voilà, n'est-ce pas, pour un paresseux, une besogne quelque peu rude et tracassante. Et que de choses, de soucis je passe sans les dire, qui se renouvellent tous les jours. Mais ce n'est que le courant, cela. Il y a, en outre, les grands travaux : par exemple, le lavage et la tonte.

« Vous savez, ou vous ne savez pas, que la laine, sur le corps des moutons, est chargée d'une espèce d'enduit qu'on appelle le *suint*, et qui est utile à la santé des bêtes en cela qu'elle les préserve de l'humidité quand ils vivent dehors, mais dont il faut débarrasser les toisons quand on veut les vendre profitablement. A vrai dire, il y a beaucoup de fermiers qui vendent leur laine, comme on dit, en *suint*, c'est-à-dire sans la laver, et qui laissent le soin du lavage aux gens de commerce, de fabrique ; mais ils ont tort, le *suint* empêche qu'on se rende compte de la vraie qualité de la laine ; et on traite alors à des conditions désavantageuses. Si donc on doit faire ce qu'on appelle le *lavage à dos*, autrement dit le lavage sur la bête même, avant de tondre, c'est au berger qu'en revient la tâche. Pour cela faire, il entre jusqu'à mi-corps dans queque rivière ou ruisseau,

portant avec lui un mouton qu'il tourne, retourne,
frotte, secoue dans l'eau jusqu'à ce que la toison soit
propre. Quand il y en a deux ou trois cents à mani-
puler ainsi, je vous laisse à penser, s'il lui ferait bon
être de goûts paresseux. Après le lavage, c'est la tonte.
Un bon berger doit tondre son troupeau lui-même,
ou du moins surveiller ce travail tout en y prenant
part. C'est de la patience, de l'adresse qu'il lui faut
alors, ou je ne m'y connais pas... Voilà, Monsieur,
comment les bergers passent leur vie, et non pas
comme vous le dites. Je vois même que vous faites
du vôtre un espèce de musicien, mais dans la seule
intention de lui fournir un passe-temps et un moyen
de gagner quelques sous, en faisant sauter les garçons
et les fillettes le dimanche : jusque-là même vous
passez à côté de la vérité, car la vérité est qu'un
berger qui sait jouer quelques airs de fifre ou de
musette, fait jouir de ce savoir, avant tous autres, ses
moutons qui, en l'écoutant, paissent plus tranquilles,
et restent plus volontiers à l'entour de lui. J'omets
à vous parler des affaires que le berger, dans certains
pays, est à même d'avoir d'un moment à l'autre avec
les loups, ces gaillards qui ne sont pas souvent de
belle humeur, et qui ne s'endorment pas si le berger
ne se tient pas éveillé. Et je ne vous parle pas des
bergers qu'on appelle voyageurs, dont la vie est bien
encore plus rude. Allez voir dans les Alpes en été,
les bergers qui viennent de Provence ; allez voir en

Espagne... Mais j'en ai, je pense, assez dit pour vous montrer que la laine de vos habits ne pousse pas tout à fait sans soins sur le dos des moutons, et assez pour vous donner, je pense, quelque regret d'avoir — j'aime à croire toutefois que c'est sans le vouloir — jeté des propos de déconsidération sur les bergers, et j'estime que pareille idée ne vous viendra plus. C'est déjà trop d'une fois. Sans rancune cependant, Monsieur. J'ai bien l'honneur de vous saluer. »

La lettre était signée d'un nom quelconque, sous la rusticité duquel se cachait très-évidemment pour moi la présence d'un très-apocryphe berger, qui s'était avisé de me donner, à sa manière, une leçon, dont j'aurais voulu de mon côté pouvoir le remercier, bien qu'il en dût coûter quelques légers froissements à ma petite vanité paternelle.

Et voilà, Madame, comment j'appris non-seulement à me défier de mes écarts d'imagination, mais encore à apprécier mieux que je n'avais su le faire jusqu'alors la laine de mes habits.

VI

A propos du chanvre, il faut, Madame, que je vous
fasse un singulier aveu.

Je vois dans l'histoire que le chanvre, originaire de
l'Inde, est connu, comme plante textile, depuis les
temps les plus reculés ; que, s'il n'en est pas question
dans la Bible, au moins le trouve-t-on mentionné
de la façon la plus positive par Hérodote, le plus ancien des historiens profanes ; que les Romains l'employaient surtout à faire des câbles, des sangles, des
traits d'attelage et des toiles à voiles ; que, de leur
temps, tout le chanvre nécessaire dans les attirails de
guerre venait de Ravenne en Italie, ou de Vienne
en Gaule ; que par conséquent les chanvres de notre
Dauphiné, fort renommés aujourd'hui, étaient déjà
en grande réputation.

Je vois aussi que la conversion du chanvre en
toile de quelque finesse est relativement fort mo-

derne, puisque, à l'arrivée de Catherine de Médicis à la cour de France, on cita comme une merveilleuse nouveauté deux chemises de chanvre figurant dans le trousseau de cette princesse.

D'autre part, les statistiques m'apprennent qu'en France seulement, où il n'y a guères que trois départements dans lesquels cette culture ne soit pas pratiquée, environ 200 mille hectares sont annuellement couverts de *chanvrières* ou *chènevières* qui fournissent en moyenne 100 millions de kilos de filasse, valant quelque 80 millions de francs.

Je sais, en outre, que la France n'a pas le monopole de cette production à laquelle contribuent sur une échelle considérable l'Ukraine, la Livonie, la Belgique, l'Allemagne, et surtout le Piémont, où se cultive une variété de chanvre qui aurait eu l'honneur d'être rapportée d'Asie par les croisés, et dont les tiges fournissent aux élégants — et élégantes — d'outre-monts des badines d'une blancheur éclatante, et d'une légèreté remarquable.

Je n'ignore point que des sommités d'une espèce naine qui croît dans leur pays, les Arabes extraient ce célèbre *Hashich*, auquel ils demandent, comme les Chinois à l'opium, une ivresse qu'on dit puissamment fantastique ; — ce hashich dont le Vieux de la montagne, le terrible chef des *hashachins* ou *assassins* se servait, dit-on, pour fanatiser ses sectaires, et qui ne serait autre chose, s'il faut en croire les dernières recherches de nos érudits, que le fameux *Népenthès* d'Homère.

Je sais encore que le chanvre, *cannabis sativa*, des botanistes, est une des plantes dont les dispositions florales toutes particulières, ont efficacement servi à établir l'évidence du système sexuel végétal, dont la propagation est le premier titre de gloire de l'illustre Linné (1).

Je sais aussi. — Que voulez-vous ?

> « Le savant
> « Dit souvent
> « Ce qu'il vient de lire. »

Je sais qu'en Russie, en Pologne les graines du chanvre frites et aromatisées figurent sur les meilleures tables, comme friandise de dessert, tandis que les paysans des mêmes contrées les mangent, tout simplement pilées avec du sel et étalées sur du pain.

Je n'oublie pas que le bois du chanvre, calciné en vase clos, produit un des meilleurs charbons qui se puisse trouver pour la confection de la poudre à ca-

(1) Dans le chanvre comme dans le houblon, et dans un certain nombre d'autres plantes, les sexes sont portés sur des pieds différents. L'un n'a que des fleurs à étamines qui, le pollen ou poussière fécondante répandue, se dessèchent et tombent, tandis que l'autre n'a que des fleurs à pistil qui mûrissent les graines. Mais il faut noter qu'il est d'usage à peu près général dans les campagnes de nommer improprement *mâles* les pieds portant la graine, et femelles ceux qui restent stériles.

non : enfin, je ne saurais méconnaître que, pendant bien des siècles, le chanvre a judiciairement fait passer de vie à trépas un beau chiffre d'honnêtes gens, sans préjudice d'une superbe collection de gredins...

Voilà certes un ensemble de faits historiques, physiologiques, scientifiques, économiques qui, lorsque la question de l'intéressant végétal est soulevée, devrait au moins me faire l'envisager avec quelque élévation ou du moins avec quelque extension de vues. Eh bien ! le croiriez-vous, c'est toujours, mais toujours le contraire qui se produit.

Au seul nom, à la seule idée de cette plante, un cercle étroit, très-étroit, s'ouvre, où mes yeux se fixent, et d'où mon esprit, quoi qu'il en ait, ne sait plus sortir. Elle se présente, la précieuse, l'utile créature, avec son nombreux cortége de considérations touchant à des intérêts universels, et tout aussitôt cependant je ne l'aperçois plus que comme créée exclusivement pour un seul homme — qui est moi. Elle m'entretient des services qu'elle rend à tous, elle se glorifie de son lointain et vénérable passé ; — et c'est de choses qui me concernent seul que je crois l'entendre me parler, et je ne consens à lui donner que l'âge que j'ai. L'homme d'ailleurs est ainsi, qui, d'instinct veut ramener, asservir à lui, infime, éphémère, même ce qu'il y a de plus vaste, même ce qu'il y a de plus durable.... Mais commenter un fait n'est pas toujours l'expliquer ; ne commentons pas, expliquons.

Le village où j'ai passé mon enfance est bâti sur une colline dont une rivière baigne le pied. En amont du village, la rivière, qui s'est éloignée peu à peu de son lit primitif, a comblé de limon la baie au fond de laquelle elle sinuait jadis, et où, vrai Nil au petit pied, elle se permet, par les grandes pluies d'automne, quelques incursions qui sont pour les terrains inondés autant de grasses et fécondantes aubaines.

Aussi faut-il voir d'avril à octobre le plantureux aspect de cette anse, vers laquelle les fenêtres des maisons sont tournées comme amoureusement, et que caressent à toute heure les regards de quelque habitant ; car il n'est guère dans le pays de familles dont l'héritage ne comprenne au moins un arpent dans *l'île des Chènevières* — c'est le nom de ce fertile quartier. Si vous me demandez pourquoi *l'île*, je me verrai réduit à supposer que cette dénomination, aujourd'hui impropre, remonte à un temps où elle avait sa raison d'être ; mais si vous me dites : « Pourquoi des *Chènevières ?* » je serai d'autant mieux à l'aise pour vous répondre, que tout ce qui précède n'a d'autre but que d'arriver à cette explication. Donc pourquoi les *Chènevières ?* Parce que ces terres d'alluvion constituant un fond éminemment propre à la production du chanvre — qui exige un sol à la fois substantiel et léger, frais et perméable — chaque fa-

mille s'est arrangée de façon à en posséder une par-
celle, où chaque année elle établit sa chènevière.

En est-il encore ainsi maintenant ? Je ne voudrais
pas l'affirmer ; mais au moins en était-il ainsi dans
mon enfance. C'est qu'alors il n'entrait guère dans
les maisons du village d'autre linge de ménage ou de
corps, que celui qui provenait du chanvre récolté sur
l'île des chènevières. Ce chanvre, les hommes le cultivaient, les femmes le filaient, le vieux tisserand le
tissait. A l'île des chènevières l'enfant devait ses
langes, la mariée son trousseau, les morts leur linceul. Vous commencez sans doute à comprendre
quelle importance pouvait avoir aux yeux de tous
cette île des chènevières, que l'on apercevait de tous
points, qui souriait à tous par sa brillante végétation,
qui appartenait à tous un peu ; mais vous n'imaginez
pas encore quelle place elle tenait dans l'esprit de la
plupart des gens du pays. Et pour ne parler que de
moi, je la vois comme un petit... non, je dis mal,
comme un grand, comme un considérable monde à
part, elle a pour moi une vie propre singulièrement
mouvementée, elle résume une série de souvenirs ca-
ractéristiques... — Jugez.

En novembre, c'est-à-dire quand les eaux qui
l'ont envahie et fertilisée se sont retirées — par ces
beaux jours qu'on appelle l'été de la Saint-Martin —
je vois dans chaque pièce un ou deux hommes qui
bêchent, qui donnent le premier labour. La bonne

terre jaune-brun s'effrite d'elle-même en tombant
de la bêche dont le fer aiguisé reluit au soleil. Ils sont
là vingt, trente travailleurs, isolés, mais à peu de
distance. Ce ne sont que manches retroussées, que
bustes se courbant et se relevant ; les voix se croisent,
les outils sonnent, la terre fume. Les hochequeues,
les bergeronnettes du rivage sont venues qui, picorant
les vermisseaux, courent sur le sol fraîchement re-
mué, comme de bruyants éclairs bleus... Cela dure
une demi-semaine. Puis les hommes s'en vont, pour
revenir aux premières douces journées de janvier...
C'est le second labour... — Le troisième se donne
au milieu de mars. — A la fin d'avril, les *bêcheurs*
viennent pour la quatrième fois, mais alors accom-
pagnés de femmes, d'enfants qui, avec de grands râ-
teaux de fer, brisent jusqu'aux dernières glèbes...
Puis, en mai, les femmes hersent de nouveau, pour
rafraîchir la surface du sol. Et alors arrivent, tous
en même temps, car ils se sont donné rendez-vous,
vingt, trente semeurs qui, tous en même temps, un
sac noué en bandoulière devant la poitrine, marchant à pas comptés, vont et viennent, répandant
avec un geste correct et arrondi, la semence dont
leurs mains sont pleines ; et autant de femmes les
suivent, qui promènent encore le râteau...

Vous figurez-vous l'animation de mon île en ce moment? Mais écoutez : « drelin, drelin, drelin! » deux
ou trois sonnettes aux refrains clairs se prennent à

sonner, et leur argentine chanson durera, tantôt ici, tantôt là, mais toujours sur l'étendue de l'île, pendant huit ou dix jours, de l'aube au soleil entré. Gentil carillon, que j'entends encore, comme s'il résonnait vraiment, et que sont chargés de faire à tour de rôle les enfants du pays pour effrayer les pillards ailés, moineaux, alouettes, tourterelles qui, se moquant des grotesques épouvantails, viendraient sans façon festiner à la table qui n'a pas été mise pour eux.

La sonnette effarouchante, ah! je l'ai secouée, je l'ai promenée plus d'une fois ; car, pour fournir les trois sonneurs qui devaient se relayer du matin au soir, ce n'était pas trop du personnel entier de l'école, qui restait alors vide pendant une longue semaine. Huit jours de congé ! Et les écoliers n'eussent pas aimé l'île des chenevières ! Et elle ne serait pas impérissablement gravée dans leurs souvenirs !

Vers le sixième ou septième jour, cependant vous voyez les enfants qui, tout en errant — drelin, drelin! — par les sentes de l'île, semblent fixer sur la terre d'inquiets regards : « Ah ! si la graine pouvait donc ne pas lever encore ! »

Mais la graine, ou ne les entend pas, ou ne veut pas que l'on paresse pendant qu'elle est en travail... Voilà partout, partout, de faibles monticules qui se forment; on dirait d'un commencement d'éruption maladive du sol.

La nuit prochaine, du milieu de chacun de ces
soulèvements, deux petites raquettes accolées, d'un
vert pâle, émergeront. Aux premiers rayons du jour
elles bruniront, puis s'étaleront. « Taisez-vous clo-
chettes, écoliers rentrez à l'école, la graine devenue
plante n'a plus besoin de votre protection. »

. . . .

Et, pendant les trois mois qui suivent, que de soins,
d'attentions, je vois tournés vers ces carrés ou s'élè-
vent en futaies drues et menues, ces milliers de tiges
d'un vert sombre, au feuillage aigu, allongé... Voici
les femmes, les enfants qui sarclent, qui *binent*. Car
elles sont égoïstes en diable ces tiges ; elles dépéri-
raient, elles maigriraient à vue d'œil, si on ne les
délivrait aussitôt du voisinage de toute étrangère.
Voilà les hommes qui passent là, en revenant le soir
des guérets voisins, où qui vont s'y promener le
dimanche, après les vêpres entendues. Et quels coups
d'œil satisfaits ou inquiets aux chènevières : « Eh !
eh ! ça pousse, ça monte, » fait celui-ci, qui hoche
lentement la tête, et qui se mesure aux tiges, qu'il
est fier de voir atteindre à ses épaules, à son front :
« Heu ! dit cet autre, un peu de pluie ne ferait pas
de mal ! » Ou bien : « Trop d'eau, trop d'eau . la
filasse n'aura pas de finesse. » Que sais-je ?

Et souvent, sur le seuil des maisons, d'où les chènevières s'aperçoivent, les gens qui sont réunis pour
deviser, en calculent le rendement probable.

6

Mais à la fin de juillet, voilà que les chènevières fleurissent. Au sommet des pieds mâles poudroient les fauves étamines : à l'aisselle de leurs rameaux, les pieds femelles montrent agglomérées les graines futures, empanachées de leur pistil fourchu, plumeux, ténu.

J'entends que l'on se consulte, et que l'on se concerte pour l'arrachage, qui commence quelques jours plus tard. Il fait beau voir alors tous ces hommes, toutes ces femmes en besogne — besogne en même temps rude et délicate, car il faut quelquefois de vrais efforts pour faire perdre terre à ces tiges vigoureuses, et il importe de mettre à part chaque sexe qui, à venue égale, ne donne pas une filasse identique.

Puis, pendant trois ou quatre jours, je vois sur ces champs des rangées de gerbes, qui se tiennent debout sur leur base écartée. L'on va, l'on vient, les visitant, les redressant, les ouvrant, pour qu'elles sèchent mieux...

Alors l'œuvre agricole est finie, mais l'œuvre industrielle va commencer. La récolte est faite de la plante qui s'appelle chanvre, mais il faut en séparer, en extraire la matière textile qui porte le même nom.

Cette matière, les fibres de l'écorce la constituent, mais ces fibres sont rendues adhérentes entre elles et attachées au bois des tiges par une sorte de gomme-résine qu'il faut détruire par le *rouissage*, c'est-à-dire par le séjour dans l'eau.

Pour le rouissage, quelle activité encore !

Toutes les gerbes ont été apportées au bord de la rivière, où l'on a réuni aussi toutes les grosses pierres qu'on a pu trouver aux environs, et qui seront posées sur les gerbes, pour les maintenir immergées. Et tous ces gens entrent dans l'eau, et ils rangent les gerbes, et ils les chargent de pierres... Et pendant une semaine ou plus, selon que la chaleur rend l'action de l'eau plus ou moins rapide, tout le chanvre reste là couché sous ces pierres qui affleurent et rident la surface du courant...

Je n'oublie pas qu'au-dessous du *routoir* (c'est le nom du lieu où l'on *rouit*), on voit échoué par ci, par là, au bord de la rivière, un certain nombre de poissons morts, car il est prouvé que la décomposition du principe gommeux de l'écorce du chanvre rend l'eau singulièrement insalubre pour ses infortunés habitants. « Mais, se dit-on, mieux vaut encore la mort aux poissons, que des fièvres aux hommes, » car il est avéré aussi que, dans les pays où le rouissage s'opère dans des eaux stagnantes, les émanations des routoirs vicient très-dangereusement l'atmosphère. D'ailleurs, je me rappelle qu'un jour où je longeais un étang, dans les eaux duquel une récolte de chanvre était immergée, j'avais peine à supporter la nauséabonde odeur qui s'en échappait.

et qui me causait comme une âcre suffocation. Il faut, en résumé, que le pernicieux caractère des effets du rouissage soit indiscutable, puisque des lois attribuent aux maires le droit discrétionnaire de l'interdire dans les eaux dormantes, et même courantes, qui avoisinent les habitations, et puisqu'un décret met les routoirs au premier rang des établissements insalubres...

De temps en temps cependant, un des experts du pays va s'assurer si l'opération avance ; et un beau jour il remonte au village portant quelques tiges qu'il dénude en marchant, puis, levant sa main dont deux doigts maintiennent une mèche rousse humide : « A l'eau, à l'eau ! répète-t-il à qui veut l'entendre, il n'est que temps ! »

Et bientôt voilà encore tout ce monde de travailleurs dans la rivière, car, quelques heures plus tard, la filasse pourrait déjà subir un commencement de pourriture.

Soigneusement débarrassées par des rinçages du limon qui a pu s'y attacher, les gerbes sont alors apportées sur la berge, et là, dénouées, ouvertes, étendues presque brin à brin. D'aucunes retournent sur les chènevières ou sur les prés voisins, car la berge n'est pas suffisante pour cet *étendage*. Et, deux ou trois jours durant, je ne vois encore que gens qui tournent, retournent, éparpillent ces milliers de

tiges, qui, de vert-brun qu'elles étaient, sont devenues d'un beau blond.

Puis quand l'air, le soleil ont bien asséché tout
cela, les gerbes sont reformées, qui prennent sur le
dos des hommes, ou des bêtes le chemin des fenils,
des hangars... Ah! les joyeux charrois! et combien
de charroyeurs!

Alors — je dois l'avouer — je resterai deux ou
trois mois, sans ouïr parler de la précieuse récolte;
on croirait qu'elle n'a pas été faite, que chacun
n'a engrangé à la fin d'août que des brindilles sans
valeur... mais, patience! viennent novembre et les
veillées, et je la retrouverai, la récolte de l'île. Le
teillage me la rendra

Le teillage : vous savez peut-être qu'on appelle
ainsi l'opération qui a pour but de séparer les fibres
d'écorce du bois qu'elles recouvrent encore. Peut-
être savez-vous aussi que cette opération est la plus
simple du monde, puisqu'il s'agit tout uniment de
briser un peu le bout de la tige, pour produire sur
ce point le détachement des fibres, sur lesquelles on
n'a plus qu'à tirer légèrement, pour que le bois se
dénude dans toute sa longueur.

Mais peu m'importe le teillage par lui-même; ce
qui m'importe, ce sont les conditions dans lesquelles
il s'effectue...

Les longs soirs sont arrivés; dans toutes les maisons, le cercle se forme autour de l'âtre qui flambe, et qui éclaire en même temps qu'il réchauffe.

« Viens donc veiller ce soir — m'a dit Petit-Pierre ou Gros-Claude. Tu teilleras avec nous. »

Et vous pensez si je manque d'aller teiller. Nous voilà groupés sur des escabeaux près du grand-père ou de la mère-grand qui est notre chef teilleur, et qui, pour nous récompenser de l'activité que nous montrons, nous répète toutes les féeriques histoires du vieux temps. Pendant que parle le conteur ou la conteuse, on entend craqueter dans nos doigts les tiges que nous brisons et dépouillons. Et ce sont des ébahissements, des rires, des effrois, selon que l'histoire est merveilleuse, comique ou terrible. Et Dieu sait les bonnes, les intéressantes veillées qui se passent ainsi, et qu'on ne saurait plus oublier !

Puis, quand nous aurons teillé pendant bien des soirs, vers la fin de l'hiver par exemple, quand se verront pendues dans un coin de la salle deux ou trois grosses bottes de filasse, viendra le *cardeur*, ou, pour employer le terme consacré, le *chanvreur*. Il arrivera avec sa planchette garnie de pointes de fer ; il prendra poignée par poignée la filasse grossière qu'il peignera, cardera, et qui, à force d'être passée et repassée sur ces dents qui la mordront, qui la diviseront, deviendra fine, brillante, soyeuse. Et comme nous faisions cercle devant le foyer pour le teillage, de même nous nous rangerons autour du chanvreur; non pour le regarder travailler, car nous savons, de reste, comment il procède; mais pour le faire causer, pour l'écouter, car le chanvreur est d'ordinaire le beau, le bon diseur du canton; le chanvreur, qui va exerçant son industrie de village en village, de ferme en ferme, sait tout ce qu'homme du pays peut savoir, et il ne demande qu'à dire ce qu'il sait... Vous pensez s'il y a presse pour l'entendre, et s'il s'évertue, pour n'être pas au-dessous de sa réputation, et si l'on applaudit à ses bons mots, si l'on commente ses récits...

Puis, quand le chanvreur sera parti, tout le reste de l'année, si un fuseau tourne, si un rouet bourdonne, je saurai, je me dirai toujours que ce chanvre dont la quenouille est chargée, vient de ma chère île des chènevières. Et, à toute heure, en tous lieux, je vois les fuseaux tourner, j'entends les rouets bourdonner. Et, quand viendront les jours du carnaval, savez-vous ce qu'on entassera au milieu de la rue pour en faire ces beaux feux clairs par-dessus lesquels on saute, autour desquels on danse en chantant, en se tenant par les mains?... Les chènevottes, les légères tiges tombées du teillage, — qui d'ailleurs avant l'invention des allumettes à friction, fournissaient les seules allumettes connues. Partout, à toute heure, en tous lieux, en toute occasion, l'île des chènevières m'est donc ainsi rappelée.

Comprenez-vous bien maintenant comment il se

fait qu'aussitôt que l'idée de chanvre s'offre à mon esprit, j'oublie, malgré moi, les vastes étendues qui dans le reste du monde sont consacrées à la culture de cette plante, pour ne voir que ma petite île des chènevières, dont on ferait le tour en quelques minutes? Comprenez-vous que je ne consente pas à me préoccuper des nouvelles pratiques de rouissage, de teillage, de peignage que l'agriculture et l'industrie moderne ont adoptées (et qui, d'ailleurs, ne diffèrent pas beaucoup des anciennes) pour me souvenir seulement de ce qui se faisait de mon temps, dans mon petit village? Comprenez-vous que ce végétal, au vénérable passé, me semble être tout juste mon souriant contemporain?... Comprenez-vous que?... Mais arrêtez-moi , car j'ai à vous parler du lin.

En ce qui concerne celui-là, j'échappe à toute influence. On ne le cultive pas dans mon pays, et mes souvenirs personnels se bornent à la vue, magnifique, il est vrai, de quelques *linières* fleuries, côtoyées en traversant au milieu de juillet un de nos départements du Nord. Nous allons donc pouvoir le suivre tranquillement, méthodiquement dans son histoire, dans sa culture, dans les diverses opérations qu'il subit, pour aller du champ où on le recueille à la quenouille des fileuses.

Son histoire; elle est bien vieille aussi, plus vieille même que celle du chanvre, et peut-être que celle de tous les autres textiles, car les livres de Moïse parlent à chaque page de fil, d'étoffe de lin Le voile, les tentures du Temple, la robe du Pontife, les vêtements des lévites devaient être de fin lin.

La Bible nous dit encore que quand l'Eternel voulut châtier l'Egypte de la dure servitude imposée à son peuple, la destruction des cultures de lin fut une des dix plaies dont il frappa cette contrée. Or, comme c'était exclusivement de bandelettes de lin que, les embaumeurs enveloppaient les momies, et que vu le chiffre de population que possédait l'E-gypte à cette époque, le nombre des décès s'élevait année moyenne à deux cent cinquante mille, il s'en-suit que le seul service des funérailles devait néces-siter une production considérable de lin.

Nous apprenons par Homère que les voiles de la flotte qui porta les Grecs au siége de Troie étaient de lin ; et l'usage, paraît-il, n'en était pas encore perdu du temps de Pline, car nous voyons le vieux naturaliste célébrer dans son livre « cette herbe, petite, mince, faible, qui s'élève à peine de terre, qui d'elle-même ne forme ni corps, ni substance ferme, qui a besoin, pour servir à nos usages, d'être brisée et réduite à la souplesse de la laine, et à qui l'on doit cependant la facilité de se transporter d'un bout du monde à l'autre. »

Quand le chanvre ne servait encore qu'à des ouvrages de corderie ou de toilerie commune chez les Romains, déjà en Germanie, en Gaule, en Espagne, on tissait des étoffes de lin d'une surprenante finesse. Les toiles de Cahors étaient entre autres fort renommées. Pendant tout le moyen âge, la Belgique eut comme le privilége de cette industrie. C'est au XIIIe siècle qu'elle fut intronisée dans la Bretagne par les soins d'une princesse du pays, qui établit à Laval des ouvriers enrôlés à Bruges. Deux siècles plus tard, Anne de Bretagne, en épousant Charles VIII, enrichit les armoires de l'hôtel Saint-Pol et de la Tour du Louvre de *quatre douzaines de chemises* et de *six paires de draps, filés* par les femmes du comté de Cornouailles qui « avaient voulu donner à leur bien-aimée duchesse un témoignage de leur amour (1). »

C'est sous Colbert seulement que la France proprement dite eut quelques fabriques d'étoffes de lin pouvant rivaliser avec celles des pays environnants. Aujourd'hui, cent mille hectares sont annuellement employés chez nous à la culture du lin, mais ils seraient loin de suffire à la consommation industrielle, si beaucoup de lin ne nous arrivait de Russie, d'Allemagne, d'Italie...

Comme pour le chanvre, il faut pour le lin les terres les plus riches. Ces sols francs, profonds, substantiels sans être trop compactes, doivent être, comme

---

(1) Bezon : Dictionn. général des tissus.

pour le chanvre, soigneusement, longuement préparés par un certain nombre de labours.

Comme pour le chanvre, il faut... — Mais je ré-
fléchis que je vais aller ainsi jusqu'au bout de ces
travaux agricoles et industriels en répétant à chaque
pas : « Comme pour le chanvre. » Aimez-vous les
redites, Madame? Peut-être : tous les goûts sont
dans la nature; mais je veux supposer que vous ne
les aimez pas, et je me bornerai par conséquent à
vous dire que chanvre et lin nécessitent, dans des
conditions à peu près analogues, les mêmes soins;
les mêmes manipulations : semis, sarclage, arrachage, séchage avant et après le rouissage, teillage à
la main ou à la mécanique, peignage. La série ne
diffère en rien, sinon peut-être par quelques détails
de complication, que je ne crois pas indispensable de
vous signaler, car c'est une revue sommaire que
nous passons, et non une étude pratique que nous
entendons faire(1).

(1) Peut-être devons-nous noter ici que, depuis quelques
années, les Anglais reçoivent en grande quantité des Indes,
sous le nom de *jute*, et mélangent au chanvre et au lin pour la
confection de certaines étoffes communes, les fibres corticales
d'une plante de la famille des *tiliacées*, qui doit son nom à
notre tilleul, dont l'écorce, après avoir été *rouie*, peut d'ailleurs
être utilisée dans la corderie. — Mentionnons encore, pour
compléter l'énumération des éléments qui entrent dans la fabrication des tissus, les *déchets* ou débris d'anciennes étoffes
de laine, que des machines *effilocheuses* et des cardes ramè-
nent en quelque sorte à l'état de matière première, et qui,

Et c'est pourquoi, si vous le voulez bien,

« Nous porterons ailleurs nos regards curieux. »

mélangés à des laines *vierges*, sont de nouveau filés, tissés, etc. Beaucoup de draperies et d'articles dits de fantaisie sont ainsi composés.

VII

LE FILAGE

Le paganisme nous montre les Parques filant les jours des humains. Hercule n'imagine rien de mieux pour aduler Omphale que de filer à ses pieds. Quand le berger Aristée, des *Géorgiques*, pénètre dans la grotte de Cyrène, sa mère, il y trouve les nymphes, compagnes de la déesse, occupées à filer les vertes toisons de Milet.

Lorsque Moïse — ainsi qu'il nous l'apprend lui-même dans l'Exode — provoqua les libéralités du peuple de Dieu pour l'ornementation du tabernacle, « toute femme adroite fila de sa main et apporta ce qu'elle avait filé de pourpre, de fin lin, de poil de chèvre... »

Dans nos églises, on représente la chaste pastou-relle, patronne de Paris, avec une quenouille au côté; et ce n'est pas la moins populaire de nos lé-gendes chrétiennes que celle qui fait s'envoler, du fuseau de la vierge Marie, ces fils aériens dont on a si longtemps ignoré la véritable origine.

A Rome, jadis, pendant les cérémonies nuptiales, on portait une quenouille et un fuseau devant la nouvelle mariée, comme symbole du genre de vie qu'elle devait mener désormais ; et — nous dit Ponsard, par la voix de sa belle, mais austère Lucrèce — les plus nobles matrones

> ..... « Mettaient tout leur souci
> A surveiller l'ouvrage et mériter ainsi
> Qu'on lût sur leur tombeau, digne d'une Romaine :
> « Elle vécut chez elle et fila de la laine. »

Dans notre pays, où il est de principe que la couronne ne tombe pas « en quenouille, » c'est-à-dire sur la tête d'une femme, on précise d'ordinaire les convenances d'un bon mariage en disant que « le fuseau doit suivre le hoyau, » à savoir qu'il faut que le labeur de la femme réponde à celui du mari. Quand nous voulons revêtir un fait de la plus vénérable, comme aussi de la plus candide ancienneté, nous le reportons au temps où la reine Berthe filait. Enfin, vous n'ignorez pas que — toujours sur cette même terre de France, domaine classique de la galanterie — s'il advient qu'une fille d'Eve veuille s'attribuer quelque tâche, qui semble naturellement incomber aux fils d'Adam, il advient aussi qu'on lui conseille d'aller « filer sa quenouille. »

J'ai pris au hasard ces quelques exemples entre

mille, pour arriver à constater, avec quelque autorité, qu'en tous temps, chez tous les peuples et dans
toutes les conditions, la quenouille et le fuseau furent comme l'apanage normal de la personnalité fé-
minine. C'est pourquoi, bien que vous ne filiez pas,
je suppose que vous avez vu filer, et je pense pouvoir
me dispenser de vous décrire cette opération qui,
pour remonter sans contredit à l'enfance de l'industrie humaine, ne laisse pas cependant que d'être encore pratiquée dans sa simplicité primitive, non-seulement sur quelques points isolés, et pour fournir à la
fabrication, que j'appellerai domestique, des grosses
toiles ou des bas, mais aussi et surtout dans des cer-
cles manufacturiers très-importants.

« Quoi, direz-vous, dans notre siècle où le génie
de la mécanique a conçu tant de prodiges, une machine n'a pas encore été trouvée pour remplacer la
bonne femme, qui mouille de salive les deux doigts
entre lesquels elle étire l'étoupe de sa quenouille.

— Eh! Madame, je vous prie, traitez moins légèrement ces deux doigts, que vous vous prendriez certainement à considérer d'une tout autre façon si
vous vous doutiez de la subtile puissance industrielle
qui réside en eux. Oui, l'on a trouvé des machines,
et de surprenantes même qui, dans bien des cas, et
comme célérité de production surtout, se sont substituées à ce rudimentaire appareil; mais c'est encore des deux doigts mouillés de salive de la bonne

femme que sortent aujourd'hui les fils relativement les plus ténus, les plus réguliers et les plus solides.

Si dans le filage du coton, par exemple, les machines arrivent depuis quelque temps à l'emporter pour la finesse, c'est encore à titre, à *calibre* égal, le fil à la main qui l'emportera, et de beaucoup, pour la résistance; car, pendant que la machine prendra à même la masse cardée ou peignée des fibres pour les tordre au hasard, les doigts — dussent-ils agir sur un ensemble de brins presque impalpables — sauront cependant, par une merveilleuse intuition du tact, les disposer, les faire glisser, les lier dans le sens exact de leur longueur, et constituer un fil réunissant au suprême degré toutes les qualités fondamentales exigées dans un tel produit.

Et d'ailleurs, je vais, j'espère, vous étonner, en vous affirmant, sur la foi d'autorités irrécusables, que des doigts de femme se sont trouvés — et se trouveraient sans doute encore — capables de transformer un kilogramme, un simple kilogramme de lin, en un fil mesurant jusqu'à huit cents, neuf cents, et même mille kilomètres. Vous avez bien entendu, n'est-ce pas? j'ai dit : *mille* kilomètres; soit mille mètres par gramme de matière employée, ou, si vous aimez mieux, un fil qui, après avoir été tendu d'un bout de la France à l'autre, de Calais à Marseille, par exemple, pourrait atteindre en outre un point situé à trente lieues des frontières.

Ce sont là, je dois le constater, des résultats exceptionnels, de véritables tours de force ; mais les bonnes fileuses à la main, et on les compte encore par milliers dans les Flandres, le Cambrésis, la Bretagne, la Normandie, peuvent fournir à l'ordinaire des fils de vingt, trente, quarante et cinquante lieues au kilogramme. Ces fils, dont quelques-uns valent encore de nos jours jusqu'à deux mille francs la livre — j'ai même entendu dire cinq et six mille — sont destinés à la confection de dentelles fines, et des plus belles batistes ; ce qui n'empêche pas que des multitudes de fuseaux tournent chaque jour pour alimenter l'industrie des toiles ménagères et communes, laquelle emploie des fils dont le prix, matière première comprise, descend parfois jusqu'à deux francs la livre.

Vous voyez que l'écart est grand entre les taux extrêmes d'un même produit. N'en concluez point, je vous prie, à une élévation de salaire considérable en faveur de la fine ouvrière, car, n'allez pas l'oublier, le filage à la main est exclusivement une profession de femme, et de femme de campagne le plus souvent ; ce qui revient à dire que cette profession, avec quelque habileté qu'elle soit exercée, doit naturellement se trouver au nombre des moins lucratives.

Ah ! vous n'imaginez pas combien de tours est obligé de faire, avant de lui avoir rapporté un pau-

vre sou, le fuseau ou le rouet de la campagnarde qui
file soit pour ajouter quelque mignon colifichet à
votre trousseau, soit pour mettre quelque pièce de
lingerie dans votre armoire !

Que si par exemple vous calculiez le nombre de
mètres de fil qu'il a fallu entre-croiser pour produire
seulement la douzaine d'essuie-mains que vous aurez
achetée, moyennant quelques francs — en tenant
compte de tous les autres auxiliaires qu'exige cette
fabrication — peut-être vous feriez-vous une idée ap-
proximative du maigre denier qui doit revenir à la
fileuse pour prix de son concours ; et, partant de ce
principe exact, que plus la ténuité du fil augmente,
et plus il faut de temps pour *ouvrer* la même
somme de fibres, peut-être arriveriez-vous à cette
conclusion que la quote-part de la rivale d'Arachné
— pour l'appeler comme eussent fait nos pères —
n'est pas relativement très-supérieure à celle des
fileuses ordinaires.

Ecoutez d'ailleurs ce que dit M. Jules Simon,
dans son beau livre, ou plutôt dans son touchant
plaidoyer de l'*Ouvrière*. « Dans l'ouest, on cultive le
lin et le chanvre, on les prépare, on les file, on les
tisse, et tout cela se fait à la main, sans le secours
de la vapeur et des métiers mécaniques. La toile de
Bretagne a été longtemps en faveur sur le marché,
et encore aujourd'hui on lui attribue plus de solidité
qu'aux toiles de Flandre. La Bretagne est une obs-

tinée : elle file son lin au rouet et à la quenouille,
elle le tisse à la main, elle le blanchit à la rosée. Le
coton et les manufactures lui font, chacun à leur
manière, une concurrence désastreuse, mais elle
aime mieux se ruiner que se modifier. Une belle quenouille avec son assortiment de fins fuseaux... est
encore le cadeau qu'un paysan breton fait à sa
fiancée. Ce ne sera bientôt plus pour les ménages
aisés qu'un emblème, un souvenir ; mais les *pâ-
touresses* dans les landes, et les mendiantes sur les
bords des chemins ont toujours la quenouille au
côté. Le métier de fileuse, quand on n'a que lui
pour ressource, ne donne *pas même un morceau de
pain.* »

Ce n'est pas seulement en Bretagne que peut être
vérifiée la navrante justesse de cette dernière assertion, car il me souvient fort bien qu'il y avait parmi
la gent tourne-fuseaux de mon village ce vieux
dicton que j'entendis cent fois répéter durant mon
enfance :

> « Quenouille, bon garant d'honneur,
> « Jamais ne donna serviteur. »

En d'autres termes, si la quenouille, instrument
de travail, est pour celle qui la porte et qui s'en sert
une sûre sauvegarde contre les mauvaises passions,
au moins ne sait-on pas qu'elle ait jamais enrichi
personne à ce point de pouvoir se faire servir.

Et il me souvient aussi que nul ne songeait à ré-
cuser la sagesse de cet adage.

Donc, quand vous admirerez quelque merveille de
Malines ou d'Alençon, ou bien seulement quand vous
prendrez, pour sécher vos mains mouillées, le carré
de toile qui pend au barreau de votre toilette, croyez-
moi, envoyez une pensée vers la patiente et innombrable légion des pauvres fileuses, et j'en suis certain,
le *point* magnifique, quel que soit le prix qu'on en
exige, vous semblera taxé bien au-dessous de sa valeur réelle, et le plus humble tissu se trouvera tout à
coup singulièrement relevé à vos yeux.

J'ajoute que s'il s'agit d'une étoffe quelconque
d'origine orientale, comme par exemple d'une mousseline de Perse, d'un pagne chinois, ou d'un véritable châle de Kachemyr, vous pouvez en tous cas
être assurée que les fils dont cette étoffe est composée
ont été produits — et Dieu sait moyennant quel
salaire ! — un par un, par deux doigts étirant lentement, minutieusement la *charge* d'une quenouille :
car non-seulement les machines à filer sont encore
complétement inusitées chez les peuples d'Asie : mais
je ne sache pas même qu'ils aient adopté le rouet qui,
en tant que procédé de filage à la main, et au moins
pour le travail stable, régulier, obtient généralement
chez nous la préférence sur l'antique, sur le classique
fuseau.

Classique, antique, dis-je : deux épithètes que vous

serez assurément tentée de trouver parfaitement ap-
plicables à ce rouet que je mets ici pour ainsi dire
en opposition avec le fuseau, car une opinion assez
universellement répandue semble faire remonter aux
temps les plus reculés l'invention de ce petit appareil,
qui ne serait venu à nous qu'après avoir, pendant
une longue suite de siècles, fait concurrence à l'instrument primitif. J'ai vu, par exemple, des peintres
instruits, consciencieux (notez que je ne parle pas
des artistes de la Renaissance, chez lesquels l'anachro-
nisme est comme un charmant trait de caractère),
placer un rouet dans quelque intérieur moyen âge,
ou à côté d'une madone. C'est le fait des légendes
pour la mise en scène desquelles le rouet a dû naturellement paraître, et non sans raison, un pittoresque
accessoire; mais, en dépit de cette poétique appro-
priation, qui eut pour effet de lui constituer dès son
origine une sorte de patriarcale sénilité, il n'en est
pas moins vrai que, en face du fuseau, qui figure
aux premiers âges bibliques, le rouet peut faire ses
preuves d'extrême jeunesse, lui dont l'usage ne date
guère que du milieu du xvie siècle.

Jusqu'alors le fuseau, aussi élémentaire, aussi
simple que le jour où l'avait imaginé la première
fileuse, était resté seul chargé de tordre et d'*envider*
brasse à brasse tout le fil réclamé par les diverses
industries. Tel s'en était servi Rachel ou Rébecca
filant les toisons des troupeaux de Jacob ou de La-

tan ; tel il avait tourné aux mains de Livie, d'Agrip-
pine ou de Julie confectionnant la toge, ou le lati-
clave d'Auguste, qui, vous le savez peut-être, ne
voulait porter que des habits faits chez lui, par sa
femme ou ses filles ; et tel encore nous le retrouvons
entre les nobles doigts de la diserte Marguerite de
Navarre qui — autant qu'il me souvient de l'avoir
vu rapporté par un chroniqueur — « prenait d'aucunes fois et colonne (quenouille) et fuseau pour soi
ébattre en travail manuel, et si bien s'en escrimait
qu'on eût dit qu'elle fût née bachelette (bergère). »

Mais voilà que, vers 1530, si j'en dois croire la
tradition, frappé de la perte de temps occasionnée
par la double et fastidieuse manœuvre du fuseau,
qui, après avoir fait en descendant un nombre déter-
miné de tours pour produire la torsion du fil, devait,
pour le recueillir, revenir lentement, irrégulièrement
sur lui-même, certain bourgeois allemand, certain
Jurgen de Brunswick, se demanda s'il ne serait pas
possible d'obtenir en même temps, et avec quelque
précision, deux effets qui n'avaient été encore obtenus que successivement.

Rendant fixe ce qui jusque-là avait toujours été
mobile, Jurgen fit d'abord du fuseau l'axe d'une
roue communiquant à une pédale, puis il adapta à
ce même axe une bobine, à quelque distance de
laquelle fut maintenue une double branche de bois,
formant comme deux ailes au système central. Et il

mit en mouvement la petite machine en agissant sur la pédale. Il vit alors l'axe chargé de tordre les brins venus de la quenouille, tourner rapidement sur lui-même, tandis que les ailes, chargées de conduire le fil sur la bobine où il s'enroulait, accomplissaient une révolution plus lente, vu qu'elle était plus grande.

Et par cette très-simple, mais très-ingénieuse combinaison de deux vitesses différentes, résultant de la même impulsion, il se trouva avoir résolu le problème de la torsion et de l'envidage simultanés.

Le rouet était inventé, qui, en substituant le pied de la fileuse à l'une de ses mains, lui permit d'appliquer plus de soins à la préhension, à l'arrangement des fibres, et qui, tout en donnant une remarquable régularité au travail, en tripla au moins la célérité.

La découverte du bourgeois de Brunswick ne fit pas beaucoup de bruit; mais le rouet ne laissa pas cependant que de se répandre de proche en proche avec une certaine rapidité; car, à une époque relativement peu distante, on le voit intronisé sur presque tous les points de l'Europe occidentale à la fois. Quoi qu'il en fût, cette invention marqua dans l'industrie du filage une notable, bien que tardive transformation; mais, ce premier pas fait, deux siècles encore devaient s'écouler avant qu'on songeât à faire le second — que je serais tenté d'appeler une magistrale et décisive enjambée.

Il y a environ cent ans, les Anglais ne savaient
encore fabriquer avec le coton seul que des mèches
de lampes ou de chandelles. En tant que tissage, ils
ne l'employaient que marié au lin, qu'ils tiraient
tout filé d'Allemagne. Ce lin, suffisamment tordu
pour pouvoir supporter la tension qu'exige le montage des fils sur le métier à tisser, constituait la
chaîne, c'est-à-dire l'élément longitudinal de l'é-
toffe; le coton, dont, vu l'imperfection des procédés
en usage, on n'obtenait encore que des fils d'une résistance bien moins grande, formait la *trame*, c'est-
à-dire la partie que la *navette* déroule en allant et
venant dans le sens de la largeur.

Ces tissus, nommés *futaines* (de Fustat, ville d'E-
gypte, d'où les premiers avaient été apportés), en réa-
lisant un sensible progrès économique, ne pouvaient
manquer d'être fort demandés. Aussi voit-on que
déjà même au milieu du XVIIᵉ siècle « il n'y avait
presque pas de petite paroisse d'Angleterre qui ne
possédât, pour occuper les agriculteurs pendant la
mauvaise saison, un certain nombre de métiers à
tisser la futaine. » En principe, les paysans portaient
à la ville les étoffes fabriquées avec du lin venu en
fil de l'étranger, et du coton le plus souvent filé dans
leur voisinage ; ils les livraient brutes ou écrues aux
marchands qui les faisaient teindre, et en trafi-
quaient ensuite. Mais bientôt s'établirent les *maîtres
en futaine*, véritables chefs manufacturiers, qui, ré-

sidant au milieu des tisserands, se chargeaient non-
seulement de recueillir sur place les tissus sortant
des mains de ceux-ci, mais encore d'approvisionner
les ouvriers de lin et de coton filés.

Manchester, centre commercial déjà important, fut
dès l'origine le point vers lequel convergeaient, pour
s'éparpiller dans tous les districts du royaume, les
produits de cette rustique industrie, qui suffisaient
amplement aux besoins de la population. Mais voilà
que Manchester s'avisa d'exporter ses futaines, auxquelles de nombreux et importants débouchés s'ouvrirent à la fois. Alors il arriva que la fabrication
ne put plus répondre aux demandes, car, si l'Allemagne fournissait encore une quantité suffisante de
fils de lin, il y avait pénurie de fil de coton, vu le
nombre relativement restreint de personnes occupées
à les produire en Angleterre. Les futaines s'enle-
vaient sur tous les marchés, et, alors qu'on en eût
vendu le double, le triple, les *Futainiers* étaient obligés à de longs chômages, faute de matière à mettre
en œuvre. « De la trame! de la trame! » s'en allaient
demandant partout les tisserands, dont la navette
était vide, et qui devaient se croiser les bras, quand
ils auraient pu mettre si lucrativement à profit les
moindres instants. Mais les fileuses avaient beau se
hâter, se multiplier; mais les maîtres en futaines
avaient beau faire rechercher partout jusqu'aux dernier écheveaux de coton filé, bien des tisserands

restaient encore condamnés au repos. La trame manquait de toutes parts.

Or, au plus fort de cette disette d'un nouveau
genre, certain jour de l'année 1764, au bourg de
Leigh, dans le comté de Lancastre, un pauvre homme,
nommé Thomas Highs, dont la profession consistait à fabriquer une des pièces principales du métier
à tisser, fut témoin du profond chagrin éprouvé par
un de ses voisins, qui, poussé du besoin et du désir
de travailler, et, bien que les commandes fussent
nombreuses, se trouvait réduit à une désespérante
inaction, faute de pouvoir se procurer quelques mal-
heureuses bobines de trame.

De là à déplorer qu'en fait de machines à filer, l'on
n'eût encore rien imaginé de plus expéditif que le
rouet, il devait n'y avoir qu'un pas pour Thomas
Highs, aussi bien que pour toute autre nature quelque peu compatissante; mais, de l'expression de ce
regret à la conception de l'idée qui mettrait fin à ce
déplorable état de choses, la distance était de celles
que peuvent seuls franchir les hommes marqués du
sceau trop souvent douloureux du génie.

Ce sceau, Dieu venait d'en toucher Thomas Highs,
ou, pour mieux dire, l'arène du progrès venait de
s'ouvrir devant un nouveau martyr.

Highs, saisi d'une fiévreuse préoccupation, rentre
chez lui, s'assied, et, le front plissé, dirige d'étranges
regards sur sa fille, qui file près de l'âtre.

« Qu'avez-vous donc à me regarder ainsi, père? demande la fileuse qui peut-être n'avait jamais vu son père absorbé de la sorte.

— Rien, je n'ai rien; file, ma Jenny, file. Je pense à quelque chose... voilà tout. File, ma Jenny, ne t'arrête point, ne perds pas de temps; la trame manque aux tisserands, ils attendent. Il leur faut de la trame, beaucoup de trame; et les fileuses n'en produisent que trop peu. »

Jenny continue donc à filer, et son père la considère de plus en plus attentivement, et l'œil du père tantôt étincelle, tantôt devient morne, révélant le laborieux combat que dans son cerveau les idées ardentes livrent à l'ombre de l'inconnu.

Tout à coup Highs se lève, court à sa fille, la prend dans ses bras, l'étreint avec une sorte de transport frénétique, couvre son front de baisers, et, avant qu'elle ait eu le temps de se reconnaître, sort d'un pas précipité, laissant la simple enfant singulièrement ébahie.

Quelques minutes plus tard, Thomas Highs était assis en face de Kay, l'horloger du bourg qui, tout d'abord, lui aussi, s'étonna grandement de voir dans un pareil état d'animation un homme dont le calme était proverbial dans le pays. Mais bientôt voilà que les yeux de l'horloger brillent à l'égal de ceux de son interlocuteur, voilà Kay pris lui aussi d'un bel enthousiasme : c'est qu'il vient de lui être claire-

ment démontré que s'il veut, lui, habitué à façonner
des rouages et à régler des mouvements, prêter son
secours à Highs, rien ne sera moins difficile que
d'obtenir une machine qui, conduite par une seule
personne, pourra faire la besogne d'un grand nombre de fileuses au rouet.

L'offre est acceptée. Rendez-vous est pris pour le
lendemain dans le grenier de Highs, où les deux col-
laborateurs s'enfermeront pour travailler en secret à
l'édification de la machine... Le lendemain, ils se
mettent ardemment, fiévreusement à l'œuvre, et
chaque jour ils se réunissent de nouveau...

Mais on ne tarde pas à remarquer le manége des
deux hommes. On veut savoir le sujet de leur mysté-
rieuse claustration quotidienne. On épie, on les ques-
tionne, mais on ne devine rien, mais ils s'obstinent
à garder le silence. Et plusieurs semaines se passent, pendant lesquelles se succèdent, pour Highs et
son compagnon, ces périodes d'extrême espérance et
de froid désenchantement, qui sont le lot normal
des chercheurs.

Une fois cependant que le succès leur semble assuré, qu'ils se croient à la veille de toucher au but,
ils laissent percer quelque chose du grand dessein
qui touche à sa réalisation. Alors, sans avoir rien
vu, on s'extasie sur ce qu'on doit voir; et il n'est
bruit dans tout le bourg que du merveilleux événement qui est prochain.

Mais quelque nouvelle difficulté survient dans le jeu définitif de la machine. Il faut annoncer aux impatients que le moment tant attendu est différé. Puis s'écoulent encore des semaines et des mois, sans que la machine fasse son apparition... Et, d'ailleurs, plus d'une fois dans l'intervalle, les inventeurs n'ont pas assez bien réussi à dissimuler le désappointement qui. à de certaines heures, s'est emparé d'eux.

Bientôt, le signal des railleries est donné par quelque plaisant, et l'on ne tarde pas à bafouer en chœur les pauvres hères, les sots qui ont voulu réaliser l'impossible : « Ah! les rêves creux! ah! les ambitieux! une machine à filer dix fils, vingt fils à la fois, est-ce que cela est faisable? est-ce que cela se verra jamais? est-ce qu'on ne l'eût pas déjà trouvée, si elle était trouvable, cette machine? est-ce que le monde serait devenu si vieux sans s'être avisé de cette invention? — Eh! Kay, mon ami, te paie-t-il bien au moins, ce brave Thomas, qui t'emprisonne si gentiment dans son grenier? — Eh! Thomas, est-ce que vous allez longtemps encore tenir notre horloger sous les verrous? — Eh! ma petite Jenny, ne vois-tu donc pas qu'il a le cerveau détraqué, ton bonhomme de père; qu'il fondra follement dans ses idées de filage mécanique jusqu'aux derniers pennys, que tu auras lentement gagnés en tournant ton rouet? Ne serait-ce point de ta part un acte de sagesse et de dévouement, que de chercher à le détourner de sa folie?

— Non, mon père n'est pas fou! riposte fièrement la brave fille, qui a foi, comme tous ceux dont le cœur est plein de vive affection; non, vous le verrez bien. »

Et alors on se moque d'elle comme on s'est moqué de son père; mais elle est la première à dire, à répéter au digne homme : « Ne vous rebutez pas, ne les écoutez pas, père; vous réussirez, je le sens, j'en suis sûre; et s'il faut que je travaille jour et nuit, et s'il faut que je me prive de tout, eh bien! je travaillerai, eh bien! je me priverai... »

Et Thomas Highs poursuit son but en compagnie de Kay, qui n'apporte plus à l'œuvre commune qu'un zèle considérablement refroidi par les quolibets, mais que la crainte même des moqueries empêche encore de s'avouer pleinement rebuté.

Un jour pourtant — ah! le beau jour pour les rieurs! ah! la grande fête pour les moqueurs! — un jour, à la fenêtre de ce grenier, vers laquelle tant de regards ironiques s'étaient levés depuis cinq ou six mois, n'aperçoit-on pas les deux hommes qui, semblant faire assaut d'entrain désespéré, lancent à qui mieux mieux sur le pavé de la rue toutes les pièces de la fameuse machine...

Puis on voit sortir de la maison l'horloger, qui, sans doute pour se soustraire aux railleries, se prend à les prodiguer au malheureux dont le découragement est peut-être son ouvrage.

Si l'on fit gaîment cercle autour de ces rouages disloqués, s'il y eut un concert de gorges-chaudes sur le malencontreux inventeur, je vous le laisse à penser.

Et pourtant, Highs, qu'accompagne, ou plutôt que devance sa fille, affronte presque aussitôt les humiliations, pour venir ramasser tous ces débris, qu'il réinstalle là où ils étaient, là où ils devraient être encore. Et il se remet seul à la poursuite de son beau rêve.

Et toujours les fils de coton manquaient aux tisserands qui, les ingrats, en manière de passe-temps, de triste compensation au dépit que leur causait le chômage, ne se gênaient pas pour aller crier devant la maison du pauvre chercheur : « De la trame, Highs ! vous nous avez promis de la trame ! Nous sommes au repos ; tenez votre parole, de la trame, Highs, de la trame !... »

Mais voilà qu'un matin, comme trois ou quatre de ces cruels oisifs passaient en renouvelant leurs blessantes interpellations, la porte s'ouvrit, et, Thomas Highs parut, qui, souriant — Dieu sait de quelle façon — : « De la trame, répéta-t-il d'un accent singulièrement animé ; c'est de la trame qu'il vous faut, eh bien ! entrez, et demandez-en à *Jenny la fileuse* je crois qu'elle pourra vous en donner.

« — Jenny, votre fille ?

— Non, la filleule de ma fille, car c'est du nom de
a chère enfant qui m'a toujours soutenu, encouragé,
que je veux que soit baptisée l'invention qui doit
faire cesser le chômage des tisserands. Entrez, et
voyez. »

Ils entrèrent, et virent la fille de Highs qui, par
un simple mouvement imprimé d'une main à un
léger levier, de l'autre à une petite roue, faisait
manœuvrer huit ou dix fuseaux qui, d'eux-mêmes
et tous ensemble, et avec la plus parfaite régularité,
étiraient, tordaient, et envidaient autant de fils, et
par conséquent suppléaient à autant de rouets servis
par d'actives fileuses.

Et eux, d'être émerveillés, et plus encore, quand
l'inventeur leur assura que ce n'était pas seulement
huit ou dix fuseaux, mais cinquante, quatre-vingts,
cent, qui pouvaient être mus de la même façon, par
une même impulsion.

Alors ce fut à qui demanderait pardon à Highs
de l'avoir méconnu, raillé ; ce fut à qui irait répandre la grande, la miraculeuse nouvelle ; à qui procla-
merait bruyamment le haut mérite du pauvre homme.

Et la foule s'amassa, dans laquelle se trouva bientôt quelqu'un pour s'informer si Highs avait au
moins bien rempli toutes les formalités touchant la
patente (brevet d'invention), afin de n'être pas frustré
des bénéfices de sa magnifique découverte.

Mais Highs répondit : « Non, je n'ai point rempli de formalités ; je n'ai pris, ni ne prendrai aucune patente. J'ai voulu que les tisserands anglais ne fussent plus exposés à manquer de fil de trame ; j'espère que, grâce à *Jenny la fileuse*, ils n'en manqueront plus ; vous pouvez aller dire partout que ma maison est ouverte à qui voudra venir voir et copier la machine ; et j'espère qu'on ne se fera pas trop prier pour se rendre à cette invitation.

— Pourtant, Highs, songez qu'il serait de toute justice qu'une aussi belle invention vous profitât.

— Attendez. Je compte prendre bientôt une patente, quoi que j'en dise : mais ce ne sera pas pour cette machine, ce sera pour une autre, qui est déjà toute trouvée, et qui fonctionnera sous peu, et qui m'enrichira, celle-là. Vous demandiez de la trame : en voilà. Mais il vous faut aussi de la *chaîne* ; vous en aurez, et, de même que j'ai suppléé aux lenteurs des fileuses d'Angleterre, de même je ferai que vous pourrez vous passer des fileuses d'Allemagne. Vous verrez, vous verrez !... »

. . . .

Et, pendant que les *Jennys* se multipliaient, en donnant un indescriptible essor à l'industrie anglaise, sans qu'il en revînt un schelling au libéral inventeur, le voilà qui, rendu plus ardent, plus sûr de lui par un premier succès, se remet vaillamment à l'œuvre.

Un an plus tard, le *throstle*, ou métier continu

(ainsi désigné par opposition au premier, où le tordage et l'envidage se produisent par intermittences), était établi dans la maison de Highs. Et l'inventeur put dès lors tout à son aise rêver pour lui, et pour sa chère fille, la fortune si bien méritée.

Mais l'inventeur était resté pauvre ; il avait épuisé jusqu'à ses dernières ressources dans ses nouveaux essais, et, pour faire les frais d'une patente, il attendait d'avoir réalisé d'autre part la somme nécessaire. Notons que Thomas Highs, confiant, généreux, avait encore employé cette fois, en le payant, bien entendu, pour confectionner les principales pièces de sa machine, ce Kay, cet horloger, dont il avait si peu à se louer.

Et le bruit allait se répandant que l'inventeur de la *Jenny* venait de découvrir et tenait encore secrète une machine produisant des fils de chaîne, qui, pour la résistance et la régularité, ne le cédaient guère aux fils obtenus à la main.

Or, un jour, l'horloger vit entrer dans sa boutique certain étranger qui, affectant l'air profondément préoccupé, pour ne pas dire inspiré, venait, comme à un homme dont il avait entendu vanter l'habileté, lui demander son concours pour la réalisation d'une idée mécanique des plus importantes. Il ne s'agissait de rien moins que de la solution d'un problème jusqu'alors reconnu insoluble : le mouvement perpétuel.

L'homme était bien mis, il s'exprimait avec une séduisante facilité, il laissait entendre qu'il saurait largement rémunérer le travail de l'horloger.

Kay ne comprit absolument rien — et pour cause — au complexe et chaleureux exposé que l'étranger lui fit de son admirable invention, sinon qu'un homme qui paraissait avoir l'esprit sain, se disposait à poursuivre un projet insensé. Toutefois, comme il eût regretté de ne pas profiter de l'heureux hasard qui venait de le mettre en relation avec ce personnage, il se permit de remontrer à l'inventeur, selon lui fourvoyé, qu'au lieu de s'engager dans une entreprise aussi incertaine, et qui, dût-elle réussir, pouvait rester sans résultats immédiats, positifs, mieux vaudrait, lui semblait-il, qu'il s'occupât de trouver par exemple une machine à filer.

L'autre, aussitôt de se récrier, de s'étonner qu'alors qu'il parlait mouvement perpétuel, c'est-à-dire merveille des merveilles, on lui répondît, machine à filer, c'est-à-dire vulgaire engin industriel. Il atteste que son magnifique dessein est trop nettement élucidé, et sa résolution de l'exécuter trop bien prise pour qu'il consente jamais à s'en départir. Et il sort, en laissant voir une sorte d'indignation à l'homme qui n'a pas su le comprendre.

« Allons ! soupira l'horloger, j'ai manqué par mon trop de sincérité une belle affaire ! »

Mais le lendemain l'étranger revenait et singu-

lièrement radouci, s'excusait de la brusquerie montrée la veille. Il reconnaissait qu'il pouvait y avoir
du bon dans l'idée que l'horloger lui avait suscitée.
La nuit porte conseil. Il avait réfléchi, et, sans abandonner le premier, le grand projet qui avait été jusque-là le rêve de sa vie, il voulait bien, dans un
but d'utilité générale, en distraire un peu son attention, afin de songer à l'autre machine, pour l'établissement de laquelle il était d'ailleurs résolu à s'assurer
n'importe à quel prix le précieux auxiliaire de l'horloger, et...

Et deux heures plus tard, Kay, rendu communicatif par le reflet de quelques guinées, livrait à l'étranger le secret de la machine que le pauvre Highs
n'avait pu encore faire patenter — c'est-à-dire tout
ce que le prétendu inventeur du mouvement perpétuel était venu chercher dans la boutique de l'horloger.

A quelque temps de là, une patente était prise, à
Notthingham, pour une *fileuse continue*, de *l'invention* d'un nommé Richard Arkwright, aux gages duquel était depuis peu entré Kay, l'horloger du bourg
de Leigh, le compatriote de Thomas Highs.

. . . .

Dix ans écoulés, tandis qu'une multitude d'établissements produisaient des quantités incalculables
de fils de trame, à l'aide de la *Jenny*, vingt immenses filatures, appartenant en propre à Richard Ark-

wright, ou à ses concessionnaires, fournissaient à l'industrie des sommes non moins grandes de fils de chaîne, obtenus par le métier *continu*. La Grande-Bretagne alors, loin de demander rien à l'Allemagne pour ses fabriques de tissus, exportait, au contraire, de toutes parts, des fils sortant de ses usines.

En 1790, mourait à Cramford, l'un des hommes les plus riches, les plus fameux, les plus honorés de l'industrie anglaise, sir Richard Arkwright, baronnet, shérif du comté de Derbyshire, dont la célébrité et le renom avait un relief d'autant plus extraordinaire que chacun savait que, pour arriver à cette opulence, à ces honneurs, il était parti de la simple condition de barbier de village.

Quant à Thomas Highs, si j'écrivais le roman de sa vie — et la tentation m'en viendra peut-être un jour — je croirais ne pas m'éloigner de la vraisemblance en le faisant finir dans la plus humble pauvreté; car il va sans dire que l'homme qui l'avait dépossédé dut soigneusement, ou se garder de paraître jamais le connaître, ou éviter de s'intéresser à lui. Mais c'est l'histoire seule que je dois suivre; et l'histoire est restée muette sur le sort du modeste inventeur. Il n'a même pas dépendu, dit-on, de Richard Arkwright, qui avait tout intérêt à cette erreur, que le nom de Highs ne tombât entièrement dans l'oubli; car il paraît que, dans une notice publiée par lui à propos de *ses* machines, il attribue a un autre, qui n'a fait que la perfectionner, la paternité de la *Jenny*.

A l'expiration des patentes d'Arkwright, du mariage des deux inventions de Highs naquit la *mull-Jenny*, dont l'usage est aujourd'hui universellement répandu, surtout pour le filage de la laine, tandis que pour le filage du coton elle se partage les travaux avec le *continu* proprement dit, qui est encore le *throstle* des Anglais et qu'on a pu voir à la dernière Exposition universelle produire jusqu'à *mille* fils à la fois.

Enfin, que le véritable créateur de la filature automatique se soit éteint dans l'aisance ou dans la misère, du moment où nous le savons délivré des souffrances terrestres, ne trouvez-vous pas qu'il est doux de penser que le touchant baptême donné par lui à cette œuvre, dont il a, lui, pauvre, enrichi l'industrie, a triomphé de l'intrigue et de l'injustice humaines.

Dans les ateliers anglais on dit la *Jenny*; mais, dans les nôtres, j'ai plus souvent entendu dire la *Jeannette*, et je sais qu'avant d'en connaître la raison (d'ailleurs, combien d'ouvriers qui l'ignorent!) (1),

(1) « L'histoire industrielle, dit M. Alcan, comme son enseignement, n'offre encore ni unité, ni suite. Elle est surtout ignorée de ceux auxquels il serait le plus utile de la faire connaître... Lorsqu'on compare l'indigence de l'histoire industrielle à l'histoire littéraire en général, on dirait qu'il s'agit d'un hors-d'œuvre sans utilité; en conséquence, M. Alcan

cette dénomination me sembla toujours porter nécessairement avec elle quelque gracieuse, quelque poétique légende.

Maintenant que je vous ai fait connaître cette raison, je vous laisse le soin de décider si mes suppositions me servaient bien, et je retourne non pas à mes moutons — car je viens de vous dire que la double invention de Highs peut opérer aussi bien le filage de la laine que celui du coton — mais au lin et au chanvre, qui offrent une contexture fibreuse toute différente, et au filage desquels ni la *Jenny* ni le *continu*, alors qu'ils dataient déjà de trente ans, et même avec des modifications spéciales, restaient encore inapplicables.

Vous avez vu par suite de quelle situation exceptionnelle de l'industrie anglaise, alors tributaire du continent, le pauvre inventeur de Leigh réalisa ses conquêtes; si vous voulez voir à présent ce que produisit un quart de siècle plus tard une sorte d'intervertissement dans les rôles des nations, laissez-moi vous conter une autre histoire.

souhaite, et nous ne pouvons qu'applaudir à ses vœux, que les places publiques de nos villes de fabrique soient honorées parles statues des grands inventeurs, dont les découvertes ont fait la prospérité du monde actuel; que des bibliothèques publiques en propagent l'histoire; que des leçons ou conférences multipliées cherchent à les rendre populaires et à faire passer leurs noms de génération en génération, à l'égal de ceux des grands poètes, des philosophes célèbres et surtout des capitaines... »

Un peu avant le commencement de la Révolution française, au village de Lourmarin, en Provence, dans un château bâti sur les bords du Jabron, petit affluent de la Durance, vivait un enfant nommé Philippe de Girard. Philippe appartenait à une famille protestante qui, noble et riche par héritage, faisait de ses richesses le plus noble emploi. Instruits et libéralement intelligents, les de Girard avaient su de vieille date mériter une sorte d'autorité morale et intellectuelle sur les populations environnantes. Ils descendaient, en outre, d'aïeux qui, à l'époque des persécutions religieuses, avaient préféré la mort à l'abjuration de leurs croyances.

Philippe avait donc reçu au berceau les plus généreuses traditions, et, dès ses premiers ans, l'on avait pu voir que les heureuses facultés de l'esprit s'uniraient en lui aux précieuses qualités du cœur.

Tout enfant, il essayait de marcher à la fois dans tous les sentiers du génie. Tantôt on le voyait construire de ses mains quelque ingénieuse machine, que le ruisseau du jardin paternel faisait mouvoir ; tantôt on le trouvait copiant, avec une vive pénétration des beautés naturelles, quelque site du voisinage ; tantôt il recueillait et classait les minéraux, les végétaux de la contrée ; ou bien encore il surprenait la famille réunie par quelque improvisation, où l'harmonie des sons le disputait à la richesse des pensées ; il célé-

brait, en vers naïfs, le beau soleil de Provence, les
fleurs, joyaux de la terre, les douces félicités du foyer
intime, la piété filiale, l'amour fraternel, la sainte
charité... que sais-je?... — Ce fut en l'entendant ré-
citer quelques-unes de ces compositions pleines de
fraîches inspirations que le célèbre auteur de l'*Histoire philosophique de l'établissement des Euro-
péens dans les Indes*, l'abbé Raynal, ami de la famille, crut pouvoir prédire que Philippe serait un
grand poète.

Si vous voulez tantôt vous souvenir que, dans
l'ancienne langue grecque, qui nous l'a légué, ce
mot de poète signifiait à l'origine : celui qui crée,
qui invente, vous verrez que, tout en se trouvant
démentie, la prédiction de l'abbé Raynal se réali-
sait, au fond, de la plus éclatante manière.

A quatorze ans, Philippe avait imaginé une machine pour utiliser la force de va-et-vient des vagues
de la mer : un peu plus tard, il en trouvait une pour
graver les pierres dures et reproduire en petit les
statues.

La première de ces inventions a été négligée ; la
seconde, reprise en sous-œuvre, ou plutôt découverte
à nouveau par Collas, a créé une industrie fort importante, qui livre chaque jour quantité de copies
exactes des chefs-d'œuvre de la statuaire.

La Révolution vint, qui, en proclamant la dé-
chéance des antiques priviléges, fut une époque de

proscription pour quiconque refusait d'adhérer au nouvel état de choses. Fidèles à des institutions qu'on n'eût peut-être jamais attaquées, si elles eussent trouvé beaucoup d'aussi nobles représentants qu'eux, les de Girard s'expatrièrent.

Philippe, qui n'avait pas seize ans, fut la providence infatigable de la famille exilée et pauvre. A Mahon, ville des îles Baléares, il suffit à l'entretien commun en peignant des portraits. A Livourne, où il passa ensuite, il établit une fabrique de savon, et demanda ainsi à l'industrie, sur la terre italienne, les ressources qu'il avait demandées à l'art sur la terre espagnole.

Quand l'Italie devint France par les victoires de nos armées, la famille dut chercher un autre asile; mais, en même temps que le territoire s'agrandissait, l'extrême rigueur des proscriptions diminuait. Les de Girard purent revoir leur patrie, mais non recouvrer leurs biens que l'orage révolutionnaire avait dispersés.

Philippe, se trouvant à Nice, apprit qu'un double concours était ouvert dans cette ville, pour la nomination d'un professeur à la chaire de chimie, et d'un professeur à la chaire d'histoire naturelle. Il se présenta et passa, presque sans préparation, deux brillants examens qui lui valurent d'obtenir les deux chaires. Il avait alors un peu moins de dix-neuf ans. Puis il professa encore la chimie à Mar-

seille, où il fonda les premières fabriques de soude.
Et enfin il se rendit à Paris, ce centre qui attire à
lui toutes les lumières, toutes les intelligences. Là,
Philippe répandit les découvertes, les inventions à
pleines mains. En même temps qu'il envoyait à
l'Exposition des lunettes astronomiques où le cristal
était remplacé par un liquide, et des lampes à ni-
veau constant, auxquelles étaient adjoints pour la
première fois ces globes de verre dépoli qui sont aujourd'hui d'un usage général, il apportait aux machines à vapeur, nouvellement découvertes, d'importants perfectionnements qui ont été conservés. Je ne
cite que ses principales inventions...

... Et voilà de quelle façon Philippe donnait raison aux prévisions de l'abbé Raynal. Ne méritait-il
pas bien le titre de poète, cet inventeur, ce créateur
de tous les instants?

Philippe inventait, inventait toujours ; mais,
comme à la plupart des hommes de génie, il lui
manquait le génie de se faire valoir. Telles gens
qui n'avaient jamais rien inventé du tout s'appro-
priaient ses inventions, d'autres qui eussent pu, ou,
disons mieux, qui eussent dû le patronner, l'en-
courager, ne lui témoignaient que de l'indifférence.
Et Philippe restait pauvre, ainsi que sa famille,
qui, du naufrage d'une grande fortune, n'avait guère
sauvé que la maison patrimoniale de Lourmarin,
avec quelques-unes de ses dépendances.

Aux grandes guerres de la République avaient succédé les grandes guerres de l'Empire. On se battait presque partout en Europe : tous les peuples étaient en armes. Mais, de même qu'aux temps anciens, la haine mutuelle de Rome la glorieuse, et de Carthage la commerçante, décimait vingt nations, étrangères aux intérêts débattus, de même les immenses tueries d'hommes qui se firent pendant les quinze premières années de notre siècle, eurent pour principe la seule rivalité de l'Angleterre et de la France.

La France était à peu près maîtresse sur tous les points du continent, mais l'Angleterre, dont les nombreux vaisseaux croisaient sur toutes les mers, rendait, sinon impossible, au moins très-difficile, l'entrée en France des produits coloniaux. Plusieurs de nos industries, et notamment les fabriques de tissus, chômaient, faute de matières premières, qui abondaient chez notre active et opiniâtre rivale. L'héroïsme de nos soldats ne pouvait rien contre un tel système. Il fallait faire appel à la science, pour qu'à l'aide des ressources de notre sol, elle nous affranchît des obstacles que nous suscitait l'inimitié étrangère. C'est ce que fit l'Empereur Napoléon.

Jusque-là on était allé demander le sucre aux régions tropicales ; nos savants le découvrirent dans une modeste racine de nos jardins. Pour suppléer le coton, que les Anglais ne laissaient arriver qu'à leurs seuls ateliers, la terre française pouvait produire du lin en abondance : mais, pour que la fabrication des étoffes de lin pût faire concurrence à celle des étoffes de coton, il était besoin de trouver une machine propre à filer cette matière, qu'on était encore obligé de filer à la main, tandis que le filage du coton s'effectuait mécaniquement. Beaucoup d'essais avaient été tentés, qui avaient toujours échoué, vu qu'on ne songeait à rien autre qu'à obtenir ce résultat par des modifications opérées aux machines employées pour le coton et la laine. Il fallait qu'un élan du génie ouvrît une voie toute nouvelle. Napoléon le comprit bien quand il fit paraître, au *Moniteur* du 12 mai 1810, un décret dont la substance était celle-ci : « *Il sera accordé un prix d'un million de francs à l'inventeur, de quelque nation qu'il puisse être, de la meilleure machine à filer le lin.* »

La famille de Lourmarin, au milieu de laquelle Philippe se trouvait ce jour-là, était à table pour déjeuner lorsqu'arriva le journal qui contenait ce décret. Le père, qui l'ouvrit, le passa à son fils, en disant : « Tiens, Philippe, voilà qui te regarde. »

Philippe ne s'était jamais occupé, en aucune façon, de l'industrie dont il s'agissait.

« Un million! » s'écrie-t-il, en jetant les yeux sur cette famille à laquelle sa piété filiale rêve aussitôt de rendre la fortune.

Puis il tombe dans une profonde rêverie, et se

promène seul pendant une heure sous les arbres du jardin... L'idée lui vient d'abord d'étudier tous les essais qui ont été faits; mais il se dit bientôt que l'importance du prix offert témoigne qu'on n'a rien obtenu de satisfaisant, et il se résout à entrer sans autre guide que son intelligence dans la voie des recherches.

Il se procure du lin, du fil, une loupe, de l'eau... puis il s'enferme dans sa chambre, et, tenant d'une main le lin, de l'autre le fil, il se dit : « Avec ceci, il faut que je fasse cela. »

Il détrempe ensuite dans l'eau le lin dont il examine en détail les fibres, qu'il fait glisser dans ses doigts, qu'il réunit, qu'il tord et dont il forme un fil très-fin... et il se dit encore : « Je n'ai plus maintenant qu'à trouver une machine qui fasse d'elle-même ce que je viens de faire avec les doigts. »

L'on se prend naturellement à sourire en entendant le grand inventeur se poser aussi naïvement le grand problème, et en le voyant silencieux, le regard attaché sur ce brin de fil... Mais, si l'on sourit, ce n'est pas avec l'intention de railler ce génie aux prises avec la difficulté, car, en même temps que le sourire vient aux lèvres, les larmes viennent aux yeux... Christophe Colomb était dans un moment de naïveté pareille, lorsque, mettant le doigt sur un vide de la carte du monde, il se dit pour la

première fois : « N'y aurait-il pas une terre là ? »
Quand, plus tard, l'*inventeur* de l'Amérique, dont
les suppositions étaient devenues des convictions,
fit part de son idée aux savants de son siècle, ces
savants se moquèrent de lui... Et pourtant...

Et pourtant, comme la famille était de nouveau
réunie le lendemain pour le repas du matin, Philippe,
entrant dans la salle, s'écriait avec enthousiasme :
« Le million est à moi, à nous !... la machine est
trouvée !... »

La machine était trouvée, en effet, car, dès le mois
de juillet de la même année, Philippe prenait le premier brevet d'invention, dans lequel étaient exposés
les principes de la découverte, qui a permis depuis à
l'industrie linière de recevoir une immense extension.

La machine était trouvée, mais restait à l'exécuter
en petit d'abord, en grand ensuite; tâche bien rude,
bien décevante, pour un homme à qui les ressources
financières faisaient à peu près défaut.

Deux années furent employées à perfectionner, à
compléter l'idée première, et, à la fin de 1813, après
avoir mis dans cette entreprise jusqu'au dernier écu
dont lui et sa famille purent disposer, Philippe de
Girard avait établi à Paris une filature mécanique
de lin.

Le problème était matériellement résolu, ou,

pour mieux dire, le million promis était légitimement gagné… Mais cette récompense fut-elle remise aux mains qui devaient la recevoir? Les hôtes de Lourmarin recouvrèrent-ils la fortune si noblement, si laborieusement méritée par l'un d'eux? Juste demande à laquelle on ne peut faire, hélas! qu'une triste, bien triste réponse.

Sans doute, Napoléon aurait tenu sa promesse; mais l'époque où Philippe de Girard accomplissait sa magnifique victoire industrielle fut celle où le grand guerrier, si longtemps victorieux, commença à n'essuyer que des revers.

Napoléon déchu, les Bourbons ne devaient pas regarder comme sacrés les engagements pris par l'homme qui s'était approprié leur trône. Non-seulement Philippe n'obtint aucune récompense, mais encore il se vit jeter en prison, faute de pouvoir payer une somme de six mille francs, qu'il avait empruntée dans les derniers temps. Ses amis acquittèrent la dette, mais il dut s'expatrier. Il alla en Autriche d'abord où, le premier, il fit naviguer un bateau à vapeur sur un fleuve européen, puis en Pologne, où il devint ingénieur en chef des mines, et, soutenu par le gouvernement russe, fonda une filature de lin. Ce dernier établissement prit une telle importance qu'il fut le centre d'une nouvelle ville qui, sur les cartes actuelles, porte le nom de Girardof.

Pendant les vingt années qu'il passa en Pologne, Philippe ne se borna pas à la seule direction de sa filature. Son esprit chercheur enfantait chaque jour de nouvelles merveilles, qu'il laissait libéralement se vulgariser sans savoir en tirer profit.

Revenu en France en 1844, il visita l'Exposition, où, à proprement parler, dans chaque salle se trouvaient quelques-unes de ses inventions, envoyées par lui, ou inscrites sous des noms qu'il ne connaissait même pas.

Un an plus tard, mourait, âgé de soixante-dix ans, ce *grand poète*, qui avait fait pour la richesse de l'industrie universelle plus qu'aucun homme connu jusqu'alors, et à qui sa patrie n'avait jamais seulement accordé le moindre titre d'honneur.

Une réparation tardive est venue cependant.

Lille, centre de l'industrie linière, a élevé à l'inventeur de la machine à filer le lin une statue, fondue avec des canons pris à Austerlitz.

Ah! que voilà du bronze glorieusement détourné de son premier glorieux emploi!

Le département de Vaucluse a érigé une statue dans le village où est né et où est enterré d'ailleurs Philippe de Girard. Amiens d'abord, Paris ensuite ont donné son nom à l'une de leurs rues; et l'Etat fait aujourd'hui une pension à la nièce et à la petite-nièce de Philippe, seules survivantes de la famille de Lourmarin (1).

Désapprouverez-vous la double excursion que je viens de faire dans le passé? Trouverez-vous qu'en m'y livrant, je me sois inconsidérément écarté de mon sujet? — Non, sans doute, car, de même, par exemple, que vous trouveriez bien malavisé le cultivateur qui, au moment de vendre le grain de sa récente récolte, en assoirait le prix de revient d'après les seules dépenses de la moisson, en négligeant les frais de labourage et de semailles, par cela qu'ils remontent à l'année précédente, de même il ne vous semblera pas, j'imagine, hors de propos que, voulant vous faire estimer à leur taux moral les produits de l'industrie contemporaine, j'additionne, à la somme des efforts dont ils sont le résultat immédiat, les travaux, les luttes, les douleurs qui préparèrent, qui enfantèrent l'état actuel.

Toujours est-il que voilà trouvées les machines qui, aujourd'hui, filent à peu près exclusivement tout le coton, toute la laine et — quoi qu'il en soit de la routine ou de quelques conditions insolites — une grande partie du lin et du chanvre qui sont transformés en tissus.

En songeant que la fileuse de fer et de bois mue

(1) Les principaux passages relatifs à Philippe de Girard sont extraits de la *Jeunesse des hommes célèbres*, par l'auteur de ce livre.

par la vapeur ou la chute d'eau s'est partout substi-
tuée à la fileuse de chair et d'os, vous vous représen-
tez, j'en suis sûr, la filature comme un pays où
n'apparaissent que de rares créatures humaines, perdues dans un tumultueux enchevêtrement de pou-
lies, de courroies, d'engrenages, et où s'entendent
seuls les mugissements du moteur, les grincements
des roues; car vous vous dites que du moment où
la machine a pris à faire le travail des bras, les bras
doivent être inutiles. Grave est en ce cas votre
erreur, Madame. En voulez-vous la preuve ! suivez-
moi... ou plutôt, non, car, pourquoi, lorsqu'elle se
présente si belle, vous ferais-je manquer l'occasion
d'échanger votre pauvre guide ordinaire contre le
plus autorisé des cicéroni. — Suivons ensemble
M. Jules Simon.

« Quand la balle de coton arrive à la fabrique,
elle ne contient qu'un coton emmélé, sale, rempli
de débris de toutes sortes. On commence par l'éplu-
cher et le battre. Cette besogne se fait quelquefois à
la main, mais le plus souvent à l'aide de machines
qui ont reçu le nom de *loups*. Cette première opération s'appelle *louvetage*. On livre successivement
la matière ainsi préparée à deux machines, le *batteur
éplucheur*, et le *batteur étaleur*, qui recommencent
à peu près le même travail et rendent le coton sous
la forme de ouate. Les éléments de cette ouate sont
floconneux : ils ressemblent moins à des fils qu'à

une sorte de duvet. Pour commencer à les étendre dans le sens de la longueur et imprimer aux fibres une direction parallèle, on a recours à la machine à carder, qui donne au coton l'aspect d'un large ruban assez épais, et n'offrant que peu de consistance. On fait passer ce ruban par divers appareils qui l'étirent sans le tordre, par le *rota frotteur* qui l'étire en le frottant, par le *banc à broches* qui l'étire en le tordant, puis par une machine de doublage qui réunit plusieurs rubans en un seul. Une nouvelle machine prend ces rubans tous ensemble et les presse, les condense, pour leur donner plus de corps sous un moindre volume : c'est une opération analogue au *laminage* des métaux, et qui porte en effet le même nom. Ce n'est qu'à la suite du laminage que le coton est disposé sur la *mull-Jenny*... On dit que la *mull-Jenny* est la fileuse, que c'est elle qui file le coton ; il serait plus juste de dire qu'elle achève de le filer, qu'elle termine l'étirage et la torsion...

« Il y a trois ateliers dans une filature ; l'atelier de *l'épluchage* et du *louvetage*, l'atelier des *préparations*, comprenant la carderie, les étirages et le doublage, enfin l'atelier de la filature proprement dit. Le premier est le moins sain et le moins propre. Les machines y sont peu compliquées et en petit nombre ; mais la poussière et le duvet qui s'échappent du coton épaississent l'air, couvrent les vêtements, entrent dans les poumons, et causent souvent des maladies sérieuses. (L'auteur de l'*Ouvrière* pourrait noter ici que dans les pays de filature les médecins ont même donné à l'une de ces affections le nom significatif de phthisie *cotonneuse*.) Dans cet atelier, où il ne s'agit que d'étendre le coton avec la main, et de le présenter aux machines, on emploie presque exclusivement des femmes. Si le bâtiment a été construit spécialement pour cette destination, et que l'espace soit suffisant, on remédie en grande partie aux inconvénients du battage et de l'épluchage par une forte ventilation, qui appelle au dehors la poussière et le détritus du coton; mais il est beaucoup de centres industriels où les manufactures se sont établies dans des édifices dont la destination primitive était tout autre. Quelquefois aussi elles ont pris des accroissements successifs qui ont obligé le fabricant à entasser les machines et les travailleurs. Le sol est humide, les parois de l'atelier noires et encrassées, les fenêtres étroites et peu nombreuses. Les simples visiteurs ne peuvent respirer dans ces tristes salles, et les éplucheuses, qui doivent y passer douze heures par jour, résistent avec peine à cette atmosphère chargée de poussière et de débris végétaux.

« L'atelier des *préparations* est aussi un atelier de femmes. Les *soigneuses* de carderies, et en général les *femmes de préparation*, sont dans de bien meilleures conditions que les *éplucheuses*. Elles n'ont d'autres occupations que de présenter à la carde le coton monté sur des cylindres, de surveiller la marche de la machine, de rattacher les nattes qui se sont rompues. Le travail demande plus de soin et d'attention qu'il n'impose de fatigue. Dans les grands établissements construits et dirigés avec intelligence, l'air et l'espace ne manquent pas, l'atelier est propre, et l'ouvrière ne subit d'autre inconvénient que celui d'une température élevée sans être énervante (18 ou 20 degrés de température sèche). Les cardes, en assez peu de temps, se remplissent de bourre, les dents s'émoussent; il faut les débourrer et les aiguiser, opérations très-malsaines... — L'aiguisage a cessé d'être dangereux depuis qu'il se fait à la mécanique. Le métier de *soigneuse de cardes* serait donc, en somme, un métier très-doux, s'il était toujours exercé dans des conditions normales ; mais... dans un grand nombre d'établissements, rien n'a été fait pour l'hygiène du travailleur. La quantité des machines est si grande, qu'on peut à peine circuler. Les femmes suspendent le long des murailles les vêtements que la chaleur les oblige de quitter... Malgré les recommandations pressantes de l'autorité, les engrenages, qui donnent le mouvement à la machine, ne sont pas toujours enveloppés de boîtes : les vêtements, les membres peuvent être saisis, et, pour éviter des accidents terribles, les ouvrières sont obligées à une attention perpétuelle sur elles-mêmes.

« Le troisième atelier de la fabrique, celui qui ren-

ferme les métiers à filer, semble un palais, si on le
compare aux deux autres... L'espace nécessaire au
mouvement du *chariot*, qui porte les broches ou fuseaux, est considérable, de sorte qu'il y a toujours un
petit nombre d'ouvriers dans une vaste pièce...
Le fileur n'est plus qu'un surveillant, et il peut
aisément conduire deux métiers, c'est-à-dire quelquefois plus de deux mille broches... Chaque fileur
a près de lui, sous sa direction immédiate, un ou deux
rattacheurs... Ce sont des enfants ou de très-jeunes
gens, dont la besogne consiste à rattacher les fils qui
se cassent pendant l'étirage.

« Il ne nous reste plus à visiter dans la filature
qu'un seul atelier, et celui-ci n'occupe que des
femmes... C'est l'atelier du *dévidage* et de l'*empa-
quetage*. On y apporte dans de grands paniers les
broches couvertes du fil destiné à être dévidé. On
forme de ce fil des paquets ou écheveaux, que l'on pèse
avec soin...

« ... Entre une filature de coton et une filature de
lin, de chanvre ou de laine, il y a d'inévitables différences, mais le travail des femmes demeure à peu
près le même ; ce sont toujours des éplucheuses,
des soigneuses de carderie et de préparation, des
rattacheuses et des empaqueteuses. La laine produit moins de poussière que le coton, et n'a
point au même degré l'inconvénient de charger
et d'empester l'atmosphère, d'adhérer aux cheveux

et aux vêtements. L'odeur de l'huile, qu'on ajoute à la laine pour la lubréfier et faciliter le cardage et le peignage, n'est désagréable que pour les étrangers; les ouvriers ne la sentent plus. En général, le filage de la laine est moins pénible et moins pernicieux que celui du coton. Plusieurs filatures de laine sont remarquables par leur propreté et leur élégance. Au contraire, les préparations du chanvre, du lin et surtout des étoupes dégagent une poussière abondante et malsaine. On ne peut les carder et les filer qu'à une température élevée et avec addition d'eau. Rien n'est plus douloureux à voir qu'une filature de lin mal entretenue. L'eau couvre le parquet pavé de briques; l'odeur du lin et une température qui dépasse quelquefois 25 degrés répandent dans tout l'atelier une puanteur intolérable. La plupart des ouvrières, obligées de quitter la plus grande partie de leurs vêtements, sont là, dans cette atmosphère empestée, emprisonnées entre des machines, serrées les unes contre les autres, le corps en transpiration, les pieds nus, ayant de l'eau jusqu'à la cheville... »

Tel est le tableau sommaire que trace M. Jules Simon de l'intérieur de diverses filatures. Dites, que vous en semble?

Peut-être soupçonnerez-vous le philanthropique écrivain d'y avoir à plaisir prodigué les ombres, dans l'intérêt de la thèse qu'il soutient. Je pourrais pour ma part vous affirmer la parfaite vérité de cet exposé;

mais que vaudrait mon assertion, si vous récusiez la sienne? Je préfère — pour le contrôle du dernier trait seulement, et en même temps parce qu'on y trouve énoncée une heureuse, une consolante prévision — faire appel à un témoignage qui n'a pas été, que je sache, porté sous l'empire d'une préoccupation aussi exclusivement philosophique. « On signale avec raison — dit M. Alcan, au cours d'un compte-rendu de l'Exposition universelle de 1867 — dans la filature du lin telle qu'elle est pratiquée, l'intervention de l'eau chaude dans les métiers à filer, la chaleur humide qui se dégage dans les ateliers, et les conséquences fâcheuses d'une atmosphère constamment humide. Les femmes qui y sont occupées sont obligées de se dépouiller en partie de leurs vêtements, et sont parfois forcées de sortir de l'atelier pour s'approvisionner suffisamment d'air sec et pur... Nous avons été nous-même témoin de faits de ce genre. Nous avons parfois rencontré de pauvres ouvrières forcées de stationner plus ou moins longtemps dans des cours découvertes, pour se remettre de suffocations éprouvées à l'intérieur des ateliers dont nous parlions plus haut, plus semblables à des étuves sans ventilation qu'à des usines établies dans des conditions hygiéniques convenables. *Nous éprouvons d'autant moins d'embarras à signaler ce vice, que nous entrevoyons sa disparition prochaine plus ou moins complète, car le remède existe et*

*peut être appliqué aussi bien au profit des travail-
leurs que des industriels exploitants.* » (Le remède,
selon M. Alcan, qui paraît être le promoteur de
cette idée, consisterait à opérer préalablement, au
moment du filage, la désaggrégation des fibres que
produit la chaleur humide.)

Puissent donc les filateurs prendre bonne note de
cette déclaration, afin que le savant professeur ne
soit plus seul à constater « que la pratique entre
dans la voie vraie et salutaire ! »

Quant à nous, maintenant que nous avons vu de
quelle façon et par quels soins s'obtiennent les fils
divers, éléments des divers tissus, acheminons-nous
vers les ateliers de tissage, où nous n'entrerons pas
cependant sans nous être arrêtés à causer un instant
avec le teinturier, chez qui très-souvent les fils sont
envoyés en *flottes* (écheveaux), la teinture en *pièce*
n'étant réservée qu'à un nombre d'étoffes assez restreint...

Mais vous me faites observer que j'ai laissé la soie
en cocons, et qu'assurément ce n'est pas en cet état
que le teinturier peut la recevoir. Vous avez au
moins trois fois raison ; car elle n'arrive guère aux
mains de cet artisan qu'après avoir subi au moins
trois opérations principales.

Il faut d'abord procéder au *tirage* du cocon, c'est-
à-dire au dévidage de la pelote, au sein de laquelle
le *magnan* s'est enfermé.

Pour cela faire, on jette un certain nombre de cocons dans une bassine contenant de l'eau à peu près bouillante, laquelle a pour effet de ramollir le vernis gommeux qui tient les spires du fil adhérentes les unes aux autres.

Une femme, assise devant cette bassine, prend à la main un petit balai de racines de chiendent ou de brindilles de bouleau, avec lequel elle frappe légèrement les cocons nageant sur le liquide brûlant. Cette manœuvre a pour but d'accrocher avec les brins rugueux du balai, d'abord la bourre ou frison, composée des fils que l'insecte a jetés pour fixer son linceul (1), et enfin de saisir le bout du fil continu qui forme par ses évolutions le corps du cocon.

Quand la fileuse a réuni dans sa main deux ou trois de ces bouts, elle les jette ensemble sur une roue ou dévidoir, qu'une autre femme met en mouvement, d'ordinaire avec le pied; et le filage est commencé, qui se continue jusqu'à ce qu'il n'y ait plus de cocons à jeter dans la bassine.

Je viens de vous décrire le filage, ou tirage primitif. Autrefois — c'est-à-dire il y a encore vingt ou vingt-cinq ans, et pour parler seulement de ce que j'ai pu voir moi-même — il n'était guère de canton dans les départements de Vaucluse, du

(1) Cette bourre, cardée et filée ensuite, comme la laine ou le coton, constitue, selon les *façons* qu'on lui donne, la *filoselle*, le *fleuret*, qui sont employés pour la bonnetterie, les châles dits de fantaisie, les soies à coudre…

Gard, de la Lozère, de l'Hérault, qui, pour tirer la soie des cocons produits dans la localité, n'eût quelqu'un de ces petits ateliers où l'on comptait autant de fourneaux allumés que de bassines, et autant de tourneuses de roues que de fileuses. Les travaux commençaient aussitôt après le déramage, et se prolongeaient pendant deux ou trois mois, selon la quantité de cocons que le pays avait fournie.

Il n'y avait guère là que deux, trois, quatre fileuses au plus, et partant le même nombre de tourneuses, en tout six ou huit personnes. Mais, établis pour fonctionner seulement durant la belle saison, sous quelque remise dont les vantaux restaient ouverts à tout venant, ces ateliers étaient autant de centres singulièrement animés. Là se rendaient pour jaser, en ayant l'air de tricoter, les commères oisives. De là partaient de joyeuses interpellations à l'adresse des passants, qui entraient pour y répondre. Là venaient les enfants s'approvisionner de *babouins* pour aller pêcher à la ligne dans la rivière (babouin est le nom qu'on donne aux chrysalides du ver à soie, appât dont les barbillons, les *chevannes* sont trèsfriands). Je les vois encore, ces fileuses aux doigts blanchis, crispés, endoloris par la chaleur de l'eau, où elles les plongent à tout instant ; je les vois installées de côté devant la bassine fumante — et trop odorante — où tournoient les cocons au bout du fil que le dévidoir attire. Je les vois encore ces tourneuses, qui dansent en boitant sur la marche ou pédale de la roue, cramponnées d'une main à la corde noueuse qui descend des poutrelles du toit. J'entends encore les rires, les chansons, les sémillants propos du filage villageois.... Mais ces bons lointains souvenirs, je crois qu'il me serait difficile aujourd'hui de trouver à les renouveler, car aujourd'hui, du moins en France, le filage villageois a presque partout disparu, partout détrôné par les populeuses, les immenses filatures où un seul générateur de vapeur échauffe à la fois des centaines de bassines, en même temps qu'il meut des centaines de dévidoirs. Point de tourneuses, mais dix fois, vingt fois plus de fileuses, car aujourd'hui ce ne sont plus comme autrefois les soies indigènes seulement qui se tirent en France, beaucoup de pays étrangers, notamment l'Amérique, nous envoient leurs cocons à filer.

Lorsqu'on a dévidé le fil, ou plutôt les fils de cocon, car je vous ai dit qu'on en marie deux ou trois pour composer le brin de soie marchande, on n'a obtenu encore que la soie écrue, ou, pour employer le terme consacré, la soie *grége*.

Cette soie est ensuite portée chez le *moulinier*, dont le travail consiste à la doubler et à la tordre, pour lui donner la résistance ou le titre qu'exigent les diverses destinations industrielles. Chez les mouliniers, ce sont généralement des machines qui opèrent, mais surveillées, servies par un grand nombre de femmes, qui ont pour tâche de rajouter, de renouer les fils qui se rompent, et d'enlever ou remplacer les obines vides ou pleines.

Il n'est, je crois, pas superflu de vous dire que, du moment où les machines du moulinier les ont *ouvrées*, les soies gréges perdent leur nom primitif, pour en prendre différents autres indiquant, en même temps que le nombre de fils dont elles sont formées, le plus ou moins de *tors* qui leur ont été donnés.

Par exemple, le *poil* ou *premier tors* est une soie qui n'a qu'un seul bout très-tordu, et s'emploie pour les rubans légers, les broderies : la *trame* est composée de deux bouts n'ayant reçu qu'un faible *tors*, son nom vous dit sa destination ordinaire; l'*organsin* — a cause duquel les mouliniers sont quelquefois appelés *organsiniers* — est formé de deux ou trois bouts deux fois tordus, et sert généralement pour la chaîne des tissus... J'en passe quelques autres.

Les soies moulinées, il faut encore — à moins qu'elles ne soient destinées aux crêpes, aux blondes — les *décreuser*, ou débarrasser de l'enduit qu'elles ont jusque-là conservé, et qui empêcherait l'adhérence des matières colorantes, et les *cuire* ou assouplir; c'est à l'aide de l'immersion et du bouillissage dans des eaux de savon qu'on obtient ces deux effets. C'est en soumettant les soies aux vapeurs sulfureuses qu'on les blanchit quand elles ne sont pas originairement blanches.

Enfin elles vont à la teinture.

VIII

LA TEINTURE

Vous n'avez pas connu le père *Tingendi* — comme nous l'avions surnommé un jour à la fabrique — et je crois pouvoir vous affirmer, Madame, qu'il y a lieu pour vous d'en éprouver quelques regrets : car, bien qu'en apparence perdue dans une ombre relative, elle ne laissait pas que d'avoir un certain caractère de grandeur, la personnalité de cet homme, chez qui la longue pratique d'une profession — d'ailleurs toute d'observation, d'étude — avait allumé une sorte de culte fervent pour cette profession elle-même. Il y a de ces enthousiastes dans l'industrie, voyez-vous, Madame, autant et plus peut-être que dans les sphères purement artistiques. Pour ma part, j'en ai connu beaucoup. Laissez-moi vous en présenter un.

Nous l'avions surnommé, vous ai-je dit, *Tingendi ;* vous verrez tout à l'heure à quelle occasion. Il était *coloriste…* mais, comme cette dénomination pourrait, par analogie, vous donner une fausse idée de son rôle, j'aime mieux vous dire que ses fonctions consistaient à préparer ou plutôt à diriger la préparation des *couleurs* devant servir à la teinture et à l'impression des étoffes, — fonctions importantes, considérables; car, de son savoir et de ses soins dépendaient la fraîcheur, la beauté, l'aspect séduisant des produits de la manufacture.

Dans la rue, vous eussiez sans doute passé sans remarquer ce petit vieillard courbé, ridé, blanchi, à l'humble et morne allure, au front penché, aux regards absorbés, à la tenue plus que négligée, car ses habits étaient çà et là couverts de tâches barriolées, ou corrodés par des éclaboussures d'acide, et ses mains apparaissaient à l'ordinaire, selon le labeur de la journée, variablement multicolores... mais alors, c'était, à proprement parler, un être dépaysé, un corps errant sans son âme, — un marin à terre.

Il y avait, ouvrant sur la cour de la fabrique, une sorte de vaste sous-sol voûté et suffisamment sombre, encombré de barriques en perce ou défoncées, de sacs ouverts, de dames-jeannes, de bocaux, de jattes, de cornues, de tubes, d'entonnoirs, d'éprouvettes. Là grondaient des fourneaux ardents, là bouillaient, dans des chaudières de cuivre brillant, des mixtions que deux ou trois noirs marmitons remuaient avec de grandes cuillers ou de longues spatules, et qui

vomissaient d'épaisses vapeurs âcres et nauséabondes.
C'était là, au travers, je serais presque tenté de dire
dans l'auréole de ces nuages, qu'il fallait le voir, allant, venant, méditant, agissant, tantôt pesant, dans
les grosses balances de fer qui pendaient du plancher brumeux, ou sur le trébuchet fixé à une noire
console, des sels, des terres, des herbes sèches ; tantôt
mesurant avec son litre d'étain, ou son verre gradué,
des extraits, des solutions, qu'il allait jeter dans les
chaudières en ébullition, ou mises à refroidir ; tantôt
essayant avec le bout du doigt sur des lambeaux d'é-
toffe la teinte obtenue, ou bien encore consultant,
assis ou accoudé, les vieux livres et les grimoires dont
sa table et plusieurs rayons étaient chargés : étique-
tant un flacon, constatant, dans une urne de verre
où plongeait son pèse-liqueur, la densité d'une décoction... que sais-je enfin ?

C'était là qu'il fallait le voir, car, alors, non-seulement l'âme avait rejoint le corps, mais il semblait
presque que ce fût elle seule qu'on aperçût ; le front
se redressait, l'œil flamblait, le pas était ferme, le
geste sûr, la pose — disons le mot — inspirée, car le
père *Tingendi* n'était rien moins qu'un esprit froid,
qu'une intelligence routinière : il pratiquait en théo-
ricien éprouvé et avide, et curieux de progrès ; et,
bien qu'il appliquât les fruits d'une longue expérience à une destination toute spéciale, on ne pouvait méconnaître que le cercle de ses études n'eût été

aussi sérieux qu'étendu. Le latin lui était même si familier, qu'il paraissait parfois oublier qu'autour de lui tout le monde ne l'entendait pas. C'est d'ailleurs à cette circonstance que se rattache l'origine du surnom que nous lui avions donné ; et voici, Madame, comment la chose arriva.

« Comprenez-vous — nous dit-il un jour qu'au retour du repas nous étions rassemblés dans la cour de la fabrique, en attendant le coup de cloche, et que, le voyant passer, nous l'avions accosté, pour le mettre — c'était facile et plaisant — sur le chapitre de sa profession — comprenez-vous ce Pline, un grand naturaliste, un philosophe, un homme intelligent enfin, qui ose écrire dans son livre, un livre d'ailleurs magnifique, les paroles que je vais vous redire. *Nec tingendi rationem omississemus, si unquam ex liberalium artium fuisset*. Oui, Messieurs, oui : *Nec tingendi...*

Mais vingt voix d'ouvriers l'interrompirent, qui répétaient interrogativement : *Tingendi ? tingendi ?...* »

— Ah ! c'est juste ! — fit le vieillard en se frappant le front — pardon, Messieurs, pardon ! en d'autres termes, Pline, un ancien, un célèbre auteur latin, nous dit que *s'il a négligé de décrire les procédés de la teinture, c'est parce que la teinture ne fit jamais partie des arts libéraux*. Comment trouvez-vous la raison ? et ne voilà-t-il pas une belle et

honnête condamnation prononcée sur un art qui, libéral ou non, n'en est pas moins un des plus anciens,
et des plus merveilleux de tous ? La teinture, Messieurs, ou, si vous aimez mieux, la science de composer, d'employer les couleurs : mais les peuples s'en
sont tous occupés dès leur origine. Ils se sont peints
le visage avec les sucs des plantes ; ils ont trempé
la dépouille des animaux dont ils se sont couverts
dans les solutions minérales, terreuses, dans le sang,
et, du jour où ils ont eu l'idée d'étirer ou tordre en
fils les toisons et les fibres végétales, et d'en former
des tissus, ils ont pensé à rehausser l'aspect de ces
tissus par la teinture. Voyez les enfants, est-ce que
leurs premiers regards attentifs ne sont pas pour
quelque vive couleur ? Voyez le sauvage nu, est-ce
qu'il ne s'affuble pas de plumes, de coquillages, de
pierres aux teintes brillantes ; et en quoi réside l'attrait principal de la généralité des fleurs, sinon dans
les splendides nuances que le grand teinturier du
ciel a répandues sur elles ?...

« Ah ! la curieuse, la belle, l'intéressante histoire
à faire que celle des progrès de cet art aussi vieux
que les sociétés ! Dût-on partir seulement de l'époque où nos fières aïeules, les blanches Gauloises,
broyaient entre deux pierres le *vouède*, à l'aide
duquel elles donnaient à leur teint le *magnifique*
reflet verdâtre, qui, paraît-il, constituait alors un fard
de suprême bon goût. Quel chemin semé de labo-

rieuses expériences, de surprenantes découvertes, pour arriver à notre époque où tous les éléments, tous les règnes de la nature, tous les êtres et toutes les choses, de toutes les latitudes et de toutes les régions, sont en quelque sorte mis à contribution, pour produire cette infinité de couleurs humbles ou éclatantes qui sont, et la délectation des yeux, et aussi même la traduction des sentiments.

« N'est-ce pas la teinture qui, en même temps qu'elle diversifie pour nous l'aspect de nos demeures, de nos édifices, met encore sur nos habits l'indice de fête, ou la livrée de deuil? N'est-ce pas elle qui prend en quelque façon les rayons du soleil pour en mettre les décompositions sur les produits de création humaine? — Son œuvre est universelle. Elle est du luxe, de l'hygiène, de la joie, de la tristesse. Mais aussi, pour accomplir sa multiple, son immense tâche, à combien de sources va-t-elle puiser? Vous êtes loin peut-être de vous en faire une juste idée. Tenez... » — le vieux teinturier tira de sa poche, qui en était ordinairement remplie, un fragment d'indienne commune, et l'étalant devant lui : « tenez, reprit-il, je n'en veux pour exemple que cette simple bribe de tissu tombée d'une des *pièces* que nous fabriquons ici. — Combien y a-t-il de couleurs là-dessus? une, deux, trois, quatre, cinq? — Cinq en tout, et des plus ordinaires, des moins coûteuses ; eh bien, Messieurs, pour produire ces cinq couleurs seulement, savez-vous qu'il a fallu que beaucoup d'hommes passent les mers, descendent dans les entrailles du globe, que des animaux travaillent ou périssent, que des herbes soient cueillies, des arbres abattus, que des métaux soient décomposés, des gaz liquéfiés, des liquides évaporés... Que sais-je? et que sais-je encore? ah ! l'énumération serait longue. Ne la poursuivons pas ; procédons catégoriquement.

« Tenez, voici d'abord du noir. Comment obtiendrons-nous ce noir. En mélangeant une décoction de *noix de galle* avec des sels de fer et de cuivre. Qu'est-ce que la noix de galle, que nous avons concassée et fait bouillir pour en extraire le principe colorant ?

« Êtes-vous d'humeur pérégrinante?... Suivons alors les traces et l'exemple du « jeune et beau Dunois » et « partons pour la Syrie. » — Là, nous trouverons, aux environs d'Alep, des bocages de chênes d'une espèce toute particulière, car ils n'ont rien du port majestueux de leurs frères, les rois séculaires de nos forêts ; de véritables arbrisseaux, des amours de petits chênes, enfin. Entrons dans le taillis, et maintenant guettons. Regardez, voici venir, agitant ses ailes de gaze, une jolie, une mignonne mouche qui se pose sur la feuille de quelque jeune rameau, et qui, après avoir paru goûter à l'épiderme, que frôlait en même temps la pointe de son abdomen, s'envole pour aller visiter une autre feuille. Qu'a fait là cette

mouche? — Deux choses : elle a perforé le tissu
végétal jusqu'au milieu de son épaisseur, et tout à
côté elle a pondu un œuf. Pourquoi la perforation
du tissu? Parce que la mouche sait que l'arbrisseau
distillera par cet orifice un suc propre à nourrir la
larve qui doit éclore.

« Voilà en effet que bientôt, et peu à peu, tout autour de l'œuf se forme, de la plus pure séve du végétal, un bourrelet, une excroissance charnue, une
sorte de bille au centre de laquelle le petit animal
naît, s'alimente, grandit, et d'où il s'échappe enfin
en la perçant, quand les ailes lui sont venues.

« Cette excroissance, cueillons-la et emportons-la,
car c'est la noix de galle, ou, pour mieux dire, un
globule de suc de chêne solidifié, une bille de *tannin*.
Or, ce tannin, en se combinant avec des sels métalliques, doit nous donner une belle et solide couleur
noire. L'encre n'a pas d'autres principes.

« Ces sels, que nous mélangeons à l'extrait *gallique*,
d'où nous viennent-ils? soit qu'ils aient été formés
naturellement, soit que l'industrie les ait produits
de toutes pièces? de quelles profondeurs ont été tirés,
et sous quels cieux sont venus au jour les métaux
dont ils sont la base? Salut aux mineurs chiliens,
mexicains, anglais, français, saxons, qui ont exposé leur vie pour qu'il nous soit possible de faire
du noir !

« Ce noir, pour l'empreindre sur l'étoffe, et afin

qu'il ne *coule* pas, il importe de l'*amidonner* ou le *gommer*.

« Si, amidonner : à l'œuvre je vous prie, laboureurs, semeurs, sarcleurs, moissonneurs pour nous donner le blé; à ton moulin, meunier, pour broyer ce grain d'où nous viendra la fécule. — Si, gommer : en route, Messieurs, pour le Sénégal, où nous recueillerons sur le tronc de divers acacias — comme nous pourrions d'ailleurs la prendre sur nos arbres fruitiers indigènes, mais moins pure et moins uniformément soluble — cette gomme qu'on appelle encore *arabique*, bien que depuis longtemps l'Arabie ne nous l'expédie plus.

« Voici le noir obtenu, mais nous voyons encore là-dessus du jaune et de l'olive. Préparons donc les *mordants* de ces deux teintes.

« Mais d'abord qu'est-ce qu'un *mordant?* — Berthollet qui, par parenthèse, a eu l'honneur de protester en termes indignés contre le *Nec tingendi* de Pline, Berthollet le définit « une substance qui sert d'intermédiaire entre les matières colorantes et les fibres que l'on teint, soit pour faciliter leur combinaison, soit pour la modifier. » C'est le langage clair, mais technique d'un savant. Bernard de Palissy, qui n'était pas seulement un émailleur de génie, dit, lui, en des termes plus familiers, que « c'est comme une *chambrière* (servante) qui ôte la couleur à l'un pour la bailler (donner) à l'autre. »

Et Palissy a été très-exact tout en étant très-compréhensible pour tous. Vous allez, je crois, en être convaincu dans quelques instants.

« Je prends de l'alun que je dissous dans de l'eau. — L'alun a pu nous arriver de la Hongrie, de la Grèce où on le trouve à peu près tout préparé, ou bien être extrait en France de la plus pure argile. — Cette solution est complétement incolore, j'y introduis une certaine quantité d'acétate de plomb, ou si vous aimez mieux de *sel de Saturne*, — pour parler le langage des alchimistes qui dans leur rêverie avaient voulu trouver des affinités entre les planètes et les métaux, et avaient placé le plomb qu'ils croyaient apte à dévorer ses confrères, sous l'invocation de la vieille divinité qui passait son temps à consommer sa progéniture ; — par cette nouvelle addition, je n'ai pas coloré davantage le mélange ; j'y jette encore un peu de craie, qui fait se produire un précipité, — effet que je n'analyserai pas, car ce n'est pas un cours de chimie que je professe. Ce liquide forme le mordant de jaune, — j'en prends à part une partie dans laquelle je laisse tomber quelques gouttes de solution ferreuse, qui le brunit un peu, mais sans lui communiquer cependant aucune teinte particulière. C'est le mordant d'olive. J'applique ces mordants sur la toile, où ils ne laissent que de ternes et insignifiantes empreintes. Mais n'importe, la *chambrière* est à son poste, prête à dévaliser, au profit des fibres

qui la portent, la première matière tinctoriale, déva-
lisable, qui s'approchera.

« Et maintenant, venez : nous avons déjà fait de
l'entomologie, de la minéralogie ; nous avons fouillé
le sol, franchi l'océan, visité les forêts du Nord et
les oasis de l'équateur, je vous propose une promenade botanique dans nos campagnes, et en même
temps une récolte rustique d'un genre assurément
tout nouveau pour vous. — Munissez-vous à cet
effet d'une petite pelle et d'une petite corbeille. Partons.

« Vous connaissez le réséda odorant des jardins,
qui est une humble plante annuelle chez nous où
l'hiver la fait mourir, mais qui, dans les pays chauds,
dont elle est originaire, devient presque un arbre. Le
réséda odorant a dans nos campagnes un frère légi-
time, car — à part le parfum que notre réséda ne
possède pas — il n'y a de différences dans les deux
plantes que par la découpure des feuilles et le *port* des
tiges. Notre réséda indigène étale d'abord sur la terre
une large rosette de feuilles, puis, lorsqu'il veut fleu-
rir, du centre de la rosette part une longue fusée
verte chargée de boutons, qui s'élance jusqu'à trois
ou quatre pieds, et qui en montant produit des rameaux latéraux se dressant autour de la tige principale.

« Vous l'avez certainement vue et remarquée cette
plante, car elle figure à peu près le grand chandelier

multibranche de l'Apocalypse. Pour les botanistes, c'est le *réséda luteola*; pour le vulgaire et pour nous, c'est l'*herbe à jaunir*, le *lis des teinturiers*, la *gaude* enfin. Tenez, la voilà sur la marge des chemins, et même dans les fentes des vieux murs, car, loin d'être difficile sur le choix du terrain, on dirait, au contraire, qu'elle affectionne de préférence les maigres sols, d'où elle sait merveilleusement extraire la plus grasse subsistance.

« Cueillez seulement les fusées fleuries ou portant les capsules pleines de graines noires : faites-en un paquet, une botte et mettez-la sous votre bras.

« Et maintenant il s'agit d'utiliser la pelle et le panier que nous avons apportés. Me promettez-vous d'être braves, très-braves? — Oui. En ce cas, allons.

Pascite boves, pueri! a dit le doux Virgile, ce qui signifie en bon français : « Bergers, gardez tranquillement vos vaches. » Voilà, en effet, là-bas, dans ce pré un jeune et placide villageois qui s'ébat à l'ombre des saules, pendant que ses génisses blanches et blondes paissent indolentes.

« Vous qui portez la corbeille, approchez-vous des génisses; allez par exemple vers celle-ci qui, repue, ne semble plus que lécher le gazon. Vous y voilà : fort bien! A présent regardez aux alentours, par terre... ne voyez-vous rien?

— Je ne vois que l'herbe qui verdoie, et des pâquerettes, des pissenlits, qui font tache blanche et jaune sur la pelouse verte.

— Non, ce n'est ni de pâquerettes, ni de pissenlits, ni de taches blanches ou jaunes qu'il s'agit. Cherchez encore... Ah! mais, tout à coup, vous faites un pas de côté, au lieu d'aller droit devant vous. Pourquoi donc, je vous prie?

— Dame! c'est que droit devant moi... c'est que la génisse y a probablement passé, elle... Et vous comprenez, une génisse qui a bien, très-bien brouté...

— Eh! justement, mon ami! *Euréka!* j'ai trouvé! s'écriait Archimède, poussez le cri d'Archimède, et ne cherchez plus.

— Quoi! comment! vous voudriez?... ah! c'est une plaisanterie!

— Pas le moins du monde. Vous savez le proverbe : « Pas de sot métier! » Et, d'ailleurs, vous m'avez promis d'être brave. Soyez donc brave, je vous somme de l'être. Voyons, un coup de pelle est bien vite donné, que diable! Crac! et v'lan! dans la corbeille!

— Ma foi! c'est fait!...

— Bravo! reprenons maintenant le chemin de la fabrique. Mais regardez donc, mais écoutez donc cette mijaurée qui passe, et qui se donne des airs de profond dégoût. « Oh! fi les vilains! voyez un peu ce qu'ils portent dans leur panier. » Et elle s'éloi-

gne, tenant sous son nez un fin mouchoir de ba-
tiste à vignette, et en relevant, du bout de ses doigts
gantés, l'ample jupe d'une robe de mousseline peinte
de rose et de chamois.

« Ce que nous portons là, ma belle dame. Eh!
mon Dieu! rien autre chose qu'une drogue fort usi-
tée, fort utile, et dans l'*infusion* de laquelle ont dû
nécessairement baigner à un moment donné le joli
mouchoir que vous pressez contre vos narines, et le
frais vêtement dans lequel vous vous drapez avec
tant de coquette suffisance. Voilà ce que nous portons.» — Et, en effet, Messieurs, notre premier soin
en rentrant sera de verser le contenu de la corbeille
dans une chaudière pleine d'eau, que nous chaufferons graduellement, et où nous tiendrons plongée
l'étoffe *mordancée*.

« Il se produira alors une combinaison toute particulière, dont la chimie n'a pas peut-être trouvé encore exactement la théorie, mais qui aura pour effet
de marier les phosphates que contient la substance
en question avec les mordants, lesquels acquerront
une action plus vive, plus franche.

« Et voilà comment on apprend à ne rien mépriser
dans ce bas monde, car le *bousage* est d'un emploi
aujourd'hui général, pour compléter le *mordançage*
des fils de nature végétale.

« Nous apporterons ensuite notre étoffe, pour être
définitivement teinte, dans une autre chaudière où

nous aurons mis de l'eau, et les herbes que nous avons rapportées. Nous chaufferons. Peu à peu le liquide prendra un aspect jaunâtre. Mais ce qui vous expliquera l'utilité, ou plutôt la vertu, le rôle des mordants, c'est qu'aux endroits seulement où auront été déposées les solutions alunées, vous verrez naître et s'accentuer de plus en plus, et en même temps, ici un beau jaune d'or, là une fraîche nuance *olive*, tandis que partout ailleurs le tissu ne prendra rien de la matière colorante tenue en suspension dans le liquide où il baigne. Ce sont ces empreintes indélébiles (ou du moins résistant aux agents de décoloration ordinaires, l'air, le soleil, le savon) qui constituent ce que nous appelons le *grand teint*. Vous voyez que Palissy avait raison, qui imagina la chambrière.

« Notre tissu lavé, séché, nous aurons à y mettre encore du rouge et du violet, formant enluminure. Ces couleurs pourraient être obtenues aussi par l'effet de mordants, à peu près identiques à ceux que nous avons employés, en substituant toutefois à la gaude une autre matière colorante. Mais ces couleurs sont ici en *petit teint*, c'est-à-dire posées sur les fibres sans y adhérer aussi étroitement que les premières, appliquons-les donc telles quelles.

« Le rouge nous sera fourni par l'extrait concentré du bois d'un grand arbre américain, le *fernambouc* ou *brésil*, que j'aviverai par une solution ammoniacale ; le lilas viendra d'un autre bois exotique, le *campêche*. Nouvel emprunt aux contrées lointaines.

« Mais pour donner plus d'éclat, et aussi un surcroît relatif de fixité à ces couleurs, quand elles auront été appliquées, j'enfermerai le tissu dans un coffre où je ferai arriver pendant quelques minutes un jet de vapeur d'eau bouillante. C'est ce que nous appelons *vaporiser*. Je puis vous le dire en passant, toutes les impressions sur soie, qui n'exigent qu'une solidité restreinte (ces étoffes n'étant pas appelées à subir le lavage), sont généralement *fixées* en même temps que rehaussées de ton par cette opération fort simple, comme vous le voyez.

« Voilà notre indienne peinte de cinq couleurs, dont deux relativement fugitives, et obtenues directement, et trois solides, dues à la combinaison des divers mordants avec le principe des bains colorants… Eh bien ! Messieurs, cet échantillon, si infime qu'il soit, résume théoriquement et pratiquement toutes les opérations fondamentales de notre art ; mais, à peu près comme la tigelle du gland qui germe résume le chêne qui doit étendre en tous sens ses rameaux infiniment divisés. Vous avez vu quel nombre, quelle diversité d'agents animés et inertes ont dû concourir à la production de cinq pauvres nuances, qu'en sera-t-il donc quand nous voudrons embrasser toutes les échelles de tons, toutes les combinaisons d'effets et de procédés. Ah! que d'appels jetés en tous lieux! que de chemins parcourus! que de travaux concentrés vers un point! Et sans compter tout ce qu'on trouvera encore, car notre art a d'intrépides chercheurs, qui font chaque jour plus vaste son domaine, et plus étonnantes ses créations.

« *Nec tingendi...* a dit Pline, qui ne fait peut-être que traduire l'opinion d'une certaine classe. Et voyez pourtant combien cette opinion semble contredite par l'antiquité tout entière, qui n'a pas assez d'épithètes admiratives pour la pourpre, la fameuse pourpre, cette teinture extraite goutte à goutte d'un coquillage. Elle la divinise presque, car les prêtres la proclament « agréable aux dieux, » et la réservent pour les pompes du culte. Voyez Plutarque, qui remarque avec admiration qu'Alexandre trouva dans le trésor des rois de Perse une grande quantité de pourpre, dont la beauté n'était pas altérée, bien qu'elle datât d'au moins deux siècles. Ecoutez les poètes chanter les somptueuses, les fastueuses étoffes de Tyr, dont e om devait servir à former une qualification pour ceux qui les portaient. Plus tard, nous voyons les *Tyrans* — ou, si vous aimez mieux, les gens vêtus de la pourpre de Tyr — s'en attribuer l'usage exclusif. Ils instituent des officiers pour surveiller les ateliers de teinture où elle se prépare, et ils édictent la peine de mort contre les gens qui s'aviseraient de s'en vêtir. Ces rigueurs furent sans doute cause que le procédé s'en perdit; mais les témoignages ne subsistent pas moins du cas universellement fait de cette première merveille de l'art tinctorial. Que ne diraient pas les anciens s'ils revenaient aujourd'hui, car, pauvre figure, j'en suis certain, ferait leur pourpre divine auprès de nos rouges à la cochenille. Le coquillage ne brillerait pas à côté de l'insecte; insecte, dis-je, car la cochenille dont nous tirons la pourpre moderne, n'est autre qu'un insecte qui vit sur le cactus, dans les régions tropicales. C'est par milliards qu'on étouffe dans l'eau chaude ces petits animaux, et qu'on les dessèche ensuite, pour nous les expédier. Nous les broyons, nous les faisons bouillir; et, après avoir ajouté à la décoction une dissolution acide d'étain, nous y plongeons la laine, la soie, qui en sortent éblouissantes.

« Cette simple addition d'une dissolution métallique dans cet extrait fut, le croiriez-vous, un des grands événements de l'histoire, d'ailleurs si intéressante, de notre art. Quand, au XVIe siècle, Gilles Gobelin, s'étant procuré le secret de la nouvelle écarlate, s'établit pour la fabriquer en grand sur la rivière de Bièvre, on le traita d'insensé, on le railla, on le bafoua, on appela sa teinturerie la *Folie-Gobelin*; mais, quand le succès fut venu, quand on vit sortir de ses mains tant de beaux et éclatants tissus, on l'accusa de pacte avec le diable, et bien en prit à l'intelligent industriel de s'être ménagé en haut lieu de vaillants patronages, car il aurait pu payer cher son aventureuse habileté.

« Passons le *kermès*, autre insecte de la même famille que la cochenille, mais habitant nos contrées, et qui n'est plus guère employé. Mais nommons, acclamons la *garance*, que je ne crains pas de qualifier la reine des matières colorantes rouges, car elle donne les nuances à la fois les plus brillantes et les plus solides. On l'emploie comme la gaude, elle produit par la diversité des mordants tous les tons qui vont du pourpre vif au noir intense, en passant par les roses, les bistres, les violets. Chez elle le principe agissant ne réside pas dans le rameau fleuri, mais dans la racine. Les anciens la connaissaient. Pline l'a fait récolter aux pauvres gens, qui, dit-il, en tiraient de gros profits, — ce qui, par parenthèse, aurait dû les empêcher d'être pauvres. — Elle était, voyons-nous, cultivée aussi dans les Gaules, et même du temps des premiers Français, car, au marché que le bon roi Dagobert avait établi à Saint-Denis, des marchands étrangers venaient s'en approvisionner. Peu à peu l'usage s'en perdit dans l'Occident ; les Orientaux la cultivaient et l'employaient à produire ces célèbres rouges d'Andrinople, dont le secret fit si longtemps le désespoir de nos coloristes. Mais voilà qu'un Persan, nommé Althen, persécuté dans son pays, vint se réfugier dans le Comtat Venaissin où il sema des graines de garance rapportées de la Perse. Vers la fin du dernier siècle, Althen mourait à Avignon, pauvre et ignoré; mais la culture de la garance n'en était pas moins intronisée dans le département de Vaucluse qui, à lui seul, aujourd'hui, en récolte pour quelque 15 ou 20 millions par année... — et qui s'est enfin mis en frais d'une statue à la mémoire d'Althen.

« Après la garance, dont le nom français eût été suffisamment répandu par le pantalon de nos guerriers, et qui a donné son nom latin à la famille des *rubiacées*, voici le *carthame*, une espèce de chardon dont la fleur fournit des rose, des ponceau très-frais, très-délicats, mais aussi très-fugaces.

« Voici l'orcanette, une cousine germaine de la bourrache et de l'héliotrope ; et l'orseille, produite par des lichens qu'on fait macérer à l'air, sous l'influence d'un alcali : l'une et l'autre donnent sur la soie et la laine les beaux violets, les tendres lilas.

« Dans la gamme jaune, après la gaude, viennent, parmi les substances exotiques, le curcuma, une racine ; le fustet, un bois ; et, parmi les indigènes, les graines dites d'Avignon, qui ne sont autres que les baies desséchées d'un arbrisseau commun dans la Provence. Enfin, le *safran*, ou crocus, dont le principe colorant réside seulement dans le pistil, ténu comme un fil dressé au milieu de sa fleur. — Combien de fleurs pour un kilo de *safran* ?...

« Les Gauloises, vous ai-je dit, se teignaient le visage avec le *vouède* ou *pastel*, petite plante de la famille du colza et des navets. On en récolte les feuilles, on les broie, on les foule, et on laisse fermenter la masse, où bientôt se développe, se forme un agent tinctorial propre à communiquer aux fils et tissus une belle et persistante couleur bleue. Et voyez combien l'art de la teinture, ou ses produits — ce qui revient au même — furent toujours en honneur. Autrefois, je veux dire il y a quelques siècles, la culture du pastel étant fort répandue, particulièrement dans le Languedoc, où on le nommait *cocagne,* c'est de là que nous est venue l'expression de pays de cocagne, pour désigner une contrée où la vie plantureuse, la bonne chère sont permanentes et coutumières, par allusion aux faciles profits que la seule production du pastel y apportait.

« Mais l'*indigo* parut, tiré, par une manipulation à peu près analogue à celle qu'on emploie pour le pastel, des feuilles d'une tribu de grands arbres habitant les régions torrides — l'indigo, qui peut être nommé le roi des colorants bleus, si la garance est la reine des colorants rouges ; un roi même beaucoup plus effectivement populaire, car, pendant que les produits de la garance brillent dans le fracas sanglant des armées, ou s'étalent dans les fastueuses cérémonies, il est principalement consacré lui, à peindre l'humble vêtement du pauvre, du travail

leur, les gros draps de montagne, la blouse de
l'ouvrier et du paysan, les cotonnades, simple luxe
des ménagères, la vareuse du marin. Saluons l'indigo, Messieurs, non pas si vous voulez à cause du
titre que je viens de lui donner, mais parce qu'il eut
à son apparition les honneurs du mépris et de la per-
sécution des routiniers intéressés. Vous comprenez,
il venait lui, indien, détrôner le pastel européen :
haro sur le mécréant!... oui, mécréant; c'est ainsi
qu'il fut appelé. On décréta contre lui; l'emploi en
fut interdit en Angleterre, en Allemagne, en France
même, sous le grand Colbert qui, cependant, fit pu-
blier un traité en quelque sorte officiel de teinture;
il fut défendu de mettre dans les cuves de pastel
plus d'une certaine proportion de *cette couleur cor-
rosive, de cet aliment du diable*, comme l'appelaient
les ordonnances saxonnes rendues contre lui. Vous
savez le proverbe : « Quand on veut tuer son chien... »

« Dans la gamme des noirs... Mais je n'entends pas
vous faire l'énumération complète de tous les agents
que nous mettons en œuvre, car, après les insectes,
après les végétaux, viendraient les minéraux, les sels,
les liqueurs acides, alcalines... Et Dieu sait quand j'aurais fini. Je voulais seulement vous amener à entre-
voir l'étendue de la sphère où nous nous mouvons,
nous, les teinturiers ; vous montrer combien sont multiples nos moyens d'action ; de combien d'efforts, pré-
sents et passés, ils sont le résultat. Où irais-je, si j'en-

trais avec vous dans les détails de tous les genres de
teinture ; si je vous signalais seulement les principaux
mélanges, les combinaisons d'opérations, les surchar-
ges, les réactions, les avivages ; si je remontais à l'origine de toutes les drogues employées, comme je l'ai fait
pour quelques-uns ; si je recherchais combien d'existences sont liées à cet immense réseau industriel...
et si même je vous exprimais ce que je pressens dans
les destinées de notre art ? — car le dernier mot n'est
pas dit. Oh non ! bien loin de là !...

« Ah ! je voudrais, je voudrais bien que Pline revînt aujourd'hui, et qu'il vît ce que nous faisons, ce
que nous pouvons, et je serais curieux de savoir si,
sous sa plume, viendrait encore se placer cet imper-
tinent *Nec tingendi*, qui... »

La cloche de la fabrique qui sonna en ce moment
vint couper la parole à l'enthousiaste panégyriste de
la profession que Pline avait paru dédaigner. Mais
la citation sur laquelle il avait été interrompu au
beau milieu de sa péroraison, et qui formait en
quelque sorte le texte épigraphique de son discours
eut de longs échos dans les ateliers, où nous rentrâmes.
Si bien que le vieux chimiste, à qui nous devions
de connaître le *Nec tingendi* du naturaliste romain,
s'en trouva tout naturellement baptisé ; et je puis
dire à son honneur — comme aussi je crois à notre
justification — que, de même que nous n'avions
nullement entendu blesser un vieillard digne de

toute notre déférence, de même le père *Tingendi,* de
son côté, sut accepter en souriant, peut-être avec
quelque intime satisfaction, le sobriquet que nous
avions eu l'idée de lui décerner...

. . . .

Depuis plusieurs années, j'avais perdu de vue le
père *Tingendi,* mais une des paroles de son allocu-
tion, prononcées d'ailleurs avec la foi inspirée du
précurseur, était restée gravée en moi : « Le dernier
mot n'est pas dit. » Et, toutefois, en voyant les merveilles produites par les procédés connus, je me demandais s'il était possible qu'on arrivât à de plus
beaux résultats ; et je me demandais aussi après
l'énumération, en quelque sorte universelle, que
nous avait sommairement faite le vieux chimiste, s'il
restait encore quelque agent important, auquel la
science industrielle ne se fût pas adressé...

J'étais à Lyon, où, dans un but que je n'ai pas
besoin de spécifier, car je me suis engagé à ne pas
vous faire ma biographie, je travaillais à posséder la
connaissance théorique et pratique des applications
de l'électricité dynamique, ou voltaïque. J'avais
passé de longues heures sur les traités spéciaux,
et je venais d'acheter, pour expérimenter, les principaux appareils destinés à mettre en évidence les
divers phénomènes. Eléments, télégraphes, bobines
d'induction, moteurs... Et Dieu sait qu'en dépit des
notions théoriques acquises, la manipulation de ces

instruments tout nouveaux pour moi ne laissait pas
que de me trouver fort emprunté. Le marchand qui
me les avait procurés, en s'adressant aux constructeurs parisiens, n'était guère à même de me guider,
mais il me dit : « Je connais quelqu'un qui se fera
un plaisir de vous donner toutes les indications dé-
sirables.

— Qui donc?

—M. Verguin, le préparateur de physique et de
chimie du Lycée. Un homme qui, sans en avoir l'air,
est pourtant fort capable, fort instruit.

— Bon !

— Eh ! tenez, reprit mon interlocuteur, avec qui
je me trouvais sur le seuil de sa boutique, d'ailleurs
voisine de l'institution au personnel de laquelle
M. Verguin appartenait, tenez, le voici justement.
Là-bas, voyez, ce petit homme maigre, voûté, assez
peu coquet de sa personne, comme vous pouvez en
juger par ce nœud de cravate qui regarde l'épaule,
ce chapeau ébouriffé tombant sur ses yeux, ce pantalon assez inégalement tiré.... »

Je regardai et vis en effet, venant du bout de la
rue, le nez dans une brochure, et les coudes donnant dans les passants, un homme d'une quaran-
taine d'années, qui — en plus jeune, bien entendu —
me fit involontairement songer au père Tingendi,
de savante et modeste mémoire.

L'homme arriva près de nous, qui, instruit de

mon embarras, se mit tout aussitôt à ma disposition de la façon la plus largement obligeante. Son bon regard rencontrant le mien, et sa loyale main ayant pressé la mienne, rendez-vous fut pris pour le lendemain. Et le lendemain, bien qu'il eût formulé de lui-même la condition que je ne lui devrais rien pour son concours, j'eus de lui une longue séance où de lucides et minutieuses démonstrations, en levant les difficultés qui m'arrêtaient, purent me faire apprécier le sérieux mérite, la haute valeur scientifique de celui qui m'avait si cordialement accueilli.

Et s'il ne passa pas la moindre pièce de métal de mon escarcelle dans la sienne, au moins entra-t-il dans mon cœur un sentiment de vive gratitude pour la sympathique personnalité qui venait de se révéler à moi ; et dans mon esprit une profonde considération pour l'humble savant, à qui sans doute le seul savoir-faire avait manqué pour s'élever bien au-dessus des maigres fonctions auxquelles il était attaché.

Un peu après, je sus que, lié avec le chef d'une des plus importantes maisons de teinture lyonnaises, pour qui il était, si je puis ainsi dire, comme un aide-pensant au point de vue scientifique de cette industrie, M. Verguin dirigeait surtout ses expériences, ses explorations dans le domaine chimique, vers les perfectionnements des procédés tinctoriaux... Et, derechef, je me pris a retrouver le souvenir du père *Tingendi*.

Puis je quittai Lyon ; et, quelques années passées encore, je fus — comme bien d'autres d'ailleurs — à certain moment, surpris de voir apparaître aux étalages et dans le luxueux appareil des toilettes féminines, toute une variété de nuances, à côté desquelles semblaient s'éteindre, comme ferait une lampe fumeuse dans la zone solaire, tout ce que les bois, les carthames, les kermès, les cochenilles avaient jusque-là fourni de plus éclatant.

La prédiction du père Tingendi m'étant revenue en mémoire, j'allai aux informations. Les premiers à qui je m'adressai — d'anciens camarades d'atelier — me répondirent : « Couleurs au charbon. »

— Au charbon ?

— Oui, autrement dit, rouge d'*aniline*, violet *fuschsine*, nuances *Solférino*... »

Ils n'en savaient dire plus long. Je ne me tins pas pour suffisamment éclairé par ces confuses lumières. Je me rendis en meilleur lieu : et voici ce qui me fut conté :

« Il y a déjà quelques années qu'un chimiste anglais, Perkins, en essayant d'opérer des réactions par l'effet de diverses solutions sur la *benzine* extraite des goudrons de houille, obtint une substance colorante d'un beau violet-bleu, que, par analogie avec l'indigo, dont elle rappelait la teinte, il baptisa assez improprement du nom d'*aniline* (d'*anil*, un des noms indiens de l'indigo). Cette découverte ne fut pas sans avoir quelque retentissement dans le monde industriel; la nouvelle couleur fut employée, mais seulement en concurrence avec telle ou telle autre qu'elle suppléait sans la faire oublier.

« Or, voici que, dernièrement, un Lyonnais, chimiste distingué, mais alors simple employé dans une fabrique de produits tinctoriaux, en faisant, à son touret en son particulier, des essais sur la substance obtenue par Perkins, a trouvé, comme résultat d'une réaction, certain résidu rouge, d'une puissance colorante si grande qu'un seul gramme dissous dans un litre d'eau suffit à imprégner un kilogramme de soie de la plus splendide des teintes : — ces teintes que vous avez pu voir.

— Quelle admirable découverte! m'écriai-je, et quelle fortune pour l'homme qui l'a faite, si toutefois il a su se mettre en mesure d'en garder le profit.

— Oui, mais il paraît qu'il n'a pas su. Le chimiste, je vous l'ai laissé entendre, n'était pas dans une brillante position. Quand il eut effectué sa précieuse trouvaille, il en parla à un de ses amis, riche teinturier, qui aussitôt sut éblouir le pauvre diable à l'aide de quelques mille francs comptants, moyennant lesquels il obtint la cession de l'entière propriété. Aujourd'hui, celui-là a en main une véritable mine d'or, puisqu'il vend jusqu'à mille et douze cents francs le kilogramme, un produit qui ne lui revient peut-être qu'au dixième de ce prix; et il ne peut suffire aux demandes.

— *Sic vos non vobis!* soupirai-je (vous voyez, Madame, que le souvenir du père Tingendi m'obsédait de plus en plus); mais le nom de l'inventeur, le savez-vous ?

— C'est Verguin qu'on le nomme.

— Lui ! Ah ! j'aurais dû le reconnaître à ces signes particuliers qui peignent parfaitement l'homme, dont maintenant plus que jamais j'aime à me dire l'obligé : instinct de pressentir une belle découverte, facultés de l'accomplir, et excès de modestie pour s'en laisser ravir les bénéfices.

— *Sic vos non vobis :* vous venez de le dire. C'est l'histoire éternelle des chercheurs, des trouveurs... »

Ainsi s'acheva l'entretien.

Et maintenant, Madame, je suis persuadé que, lorsque vous porterez les yeux sur ces tissus *solférinos* (on les nomma ainsi, vu la coïncidence de leur apparition avec la grande victoire d'Italie), dont quelques-uns doivent nécessairement faire partie de vos ajustements, je suis persuadé que cette pensée vous attristera, d'un autre Améric se substituant à un autre Colomb, d'un autre Arrkwright frustrant un autre Highs; mais, rassurez-vous, parez-vous en toute satisfaction de tous les *solférinos* qui vous tenteront, et que vous serez à même d'acquérir, car pour cette fois au moins la tâche de l'historien sincère aura été douce à remplir.

Le narrateur dont je viens de vous rapporter les paroles, ne connaissait, et même incomplétement, que le prologue de l'histoire, voilée déjà d'un crêpe légendaire. Depuis, j'en ai puisé la suite à de bonnes sources.

Si le riche teinturier avait d'abord acheté la cession du procédé à un taux très-bas, c'est qu'il ne croyait peut-être pas lui-même à l'immense succès de la découverte. Mais l'ami du chimiste était un honnête homme. Quand l'exploitation du brevet — d'ailleurs prise au nom de Verguin, ce qui laisse à celui-ci la gloire de son invention — amena chez lui de magnifiques profits, il sut de lui-même — car, je crois que rien ne pouvait l'y contraindre — assurer à Verguin une très-convenable position matérielle.

L'inventeur est mort il y a trois ou quatre années, jeune encore, au sein d'une belle aisance, et non pas obscur, car tous les journaux signalèrent sa fin.

Quoi qu'il en soit, Madame, n'oubliez pas, je vous prie, en contemplant vos *solférinos* — il valent bien qu'on les contemple, car l'éclat d'aucune corolle ne saurait éclipser le leur — n'oubliez pas que ces superbes nuances ont pour générateur le corps le plus sombre, le plus bas caché dans le sein de la terre :

cette houille à qui nous devons déjà lumière et chaleur; et demandez-vous s'il ne faut pas croire possibles
tous les miracles de l'industrie humaine, quand on
voit que, pour les fixer en permanence sur un tissu,
elle va chercher dans le charbon ces feux diaprés que
nous n'avions encore aperçus, mais fugitifs et chan-
geants, que dans le diamant — qui, d'ailleurs, vous
le savez sans doute, est le propre frère du charbon.

LE TISSAGE

Mon père, qui n'était pas encore mon père, en sortant de l'atelier de Redouté, le célèbre peintre de roses, dont il était l'élève, alla se faire dessinateur dans une indiennerie du centre de la France. Là il épousa la fille d'un autre dessinateur et graveur en indienne ; ce qui revient à ceci, que je naquis doublement prédestiné à suivre la carrière du dessin et de la gravure pour indiennes.

Je marchai donc tranquillement dans cette voie, aussi honorable et aussi lucrative qu'une autre, pendant un certain nombre d'années — et laissez-moi vous avouer que, lorsqu'aujourd'hui je retourne dans la contrée où j'exerçais autrefois ma petite industrie créatrice, ce n'est pas sans éprouver quelque émotion que je revois et reconnais, d'aventure, sur le cou de quelque vieille paysanne, le fichu dont j'imaginai jadis la fantaisiste enjolivure. — Mais un jour, par suite d'événements quelconques, je me trouvai tout à coup transplanté d'un pays plein de fabriques d'étoffes ouvragées par l'impression, dans un pays exclusivement peuplé de fabriques d'étoffes ouvragées par le tissage.

Partout il faut vivre, c'est-à-dire travailler.

Naturellement donc je songeai à devenir, de dessinateur pour l'impression, dessinateur pour le tissage : mutation plus difficultueuse que vous ne sauriez peut-être le supposer. Vous vous dites, bien sûr que dessiner pour ceci ou dessiner pour cela, c'est toujours dessiner... Mais l'*exécution*, Madame, l'exécution qu'il faut connaître, étudier, considérer, et que vous ne faites pas entrer en ligne de compte; l'exécution, cette grande, cette intraitable dominatrice de toutes les conceptions industrielles!... Je vous demanderai à ce propos si vous croyez que le dessinateur qui trace le projet d'une balustrade destinée à être exécutée en pierre ou en marbre, devra, quelle que soit la subtilité de ciseau de l'ouvrier, se permettre d'y indiquer la même finesse de linéaments, de découpures, que dans un projet de balustrade devant être exécutée en souples lamelles de fer, par un serrurier ornemaniste. Évidemment non.

Si vous saviez combien j'en ai vus, de jeunes artistes — je dis des mieux doués — qui, tout frais émoulus de leurs études purement artistiques, croyaient, à leur arrivée dans la cité industrielle, n'avoir qu'à inventer, crayonner et peindre, pour qu'aussitôt la vogue et la fortune s'attachassent à leurs pas.

Ils allaient montrant, offrant leurs ouvrages aux fabricants. Alors il fallait entendre les fabricants : « Tout cela est assurément fort beau, voilà certes de jolis tableaux. Vous faites preuve d'autant de goût que de verve dans la création, l'*emmanchement* des sujets. Mais vous n'avez point songé que nos métiers, nos planches, nos rouleaux gravés, ne sont pas vos pinceaux. Ainsi, Monsieur, par exemple, qu'est-ce que ce dessin? Combien de nuances : deux, quatre, six, huit, dix. Bon! n'en saviez-vous pas trouver d'autres? Pourquoi vous arrêter en aussi bonne voie? une demi-douzaine de plus ou de moins n'aurait pas rendu votre composition moins *inexécutable*. — Ce qui me plaît d'ailleurs, c'est que vous avez tranquillement fondu, estompé vos couleurs les unes dans les autres. Mais, si nous devions imprimer cela, voudriez-vous me dire ou s'arrêterait le rôle des diverses planches qui porteraient sur l'étoffe les diverses nuances? Si nous devions le tisser, quel *metteur en carte* se chargerait de débrouiller ce chaos?

— Eh bien! Monsieur, laissons ce dessin. Voyez; en voici un autre où je n'ai employé que trois couleurs, et sans les fondre l'une dans l'autre.

— Bien! mais dites-moi comment entendez-vous que soit rendu cet effet? Fond taffetas, broché satin, je suppose; mais ces longues brindilles qui courent d'un bouquet à l'autre, qui les produira ? la trame ou la chaîne ?

— Oh! mon Dieu, Monsieur, peu importe, je crois.

— Ah! peu importe! à vous, c'est possible ; mais non pas au fabricant. Si c'est par la trame, par quelque *battant brocheur* : complication dans le montage du métier; si c'est par la chaîne : trop de marchandise perdue au découpage ; et mettez-vous bien ce principe dans l'esprit, que le dessinateur de fabrique le plus estimé sera toujours celui qui saura le mieux marier dans un dessin la richesse, la beauté des effets obtenus avec la modicité des frais de main-d'œuvre ou de consommation des matières premières.

— Quoi! Monsieur, même alors qu'il s'agit de riches articles?

— Oui, Monsieur, même dans ce cas. Au reste, tout est relatif, et, dans la fabrication, il n'y a pas de petites économies.

— Mais pensez-vous sérieusement que l'économie puisse se concilier avec les luxueux effets?

— Moi, Monsieur, je ne pense rien. Mais demandez à mon concurrent, qui demain exécutera le tour de force que je n'aurai pas su faire aujourd'hui. D'ailleurs, j'en reviens à vos brindilles; vous devriez en tous cas donner beaucoup plus de *corps* à ces tiges, qui risqueraient d'être rendues sans grâce, de paraître cassées; un coup de battant plus fort que l'autre détruirait aussitôt l'aspect... Je substituerais, pour ma part, un feuillage allongé, ou quelque chose d'approchant ; mais pour ces traits déliés : impossible, Monsieur, impossible.

— Mais, Monsieur, c'est justement sur la ténuité de ces brindilles, comme vous les appelez, faisant contraste avec ces bouquets pleins, que j'ai basé l'effet de cette composition.

— Inexécutable, Monsieur, inexécutable. Passons à un autre, s'il vous plaît.

— Voici un dessin de fichu.

— Grand teint ou petit teint

— Oh ! comme on voudra !

— Eh quoi ! comme on voudra ! la belle réponse. Si c'est grand teint, il y a là maintes couleurs incompatibles. Si c'est petit teint, ah ! que vous avez su mal profiter des ressources qui vous étaient offertes par les opérations, etc., etc... »

Et la conclusion du fabricant était invariablement celle-ci : « Etudiez l'exécution, jeune homme, apprenez *la fabrique*, et revenez nous voir ensuite, car alors seulement nous pourrons utiliser vos brillantes dispositions. »

Et savez-vous ce qui arrivait ? Ou le jeune homme, effrayé par tant d'entraves et manquant de ce courage pratique, sans lequel on ne se révèle puissant nulle part, désertait dédaigneusemant la partie, en déclarant, avec les plus amères formules de mépris,

que la carrière où il avait pensé à s'engager n'était
rien moins que déplorablement étroite, et abrutis-
sante , et il allait échouer ailleurs sa chétive personnalité ; ou bien l'artiste appartenait à cette classe
d'êtres forts, pour qui les obstacles à vaincre sont
autant d'utiles stimulants. Il acceptait bravement,
héroïquement la lutte. Il allait sans fausse honte se
mettre au plus vite à l'école, lui l'homme d'imagination ardente, chez quelque simple artisan, tout
préoccupé des froides exigences et des précises combinaisons industrielles ; et, sous l'œil de ce guide, il
s'appliquait à explorer, dans ses moindres parties, le
domaine technique dans les voies duquel ses facultés
devaient désormais se mouvoir.

Et, tout en poursuivant cette tâche difficile, délicate, il avait la satisfaction de reconnaître de plus en
plus que là , comme partout du reste, l'étendue du
champ se limite d'elle-même aux patients efforts,
aux persévérantes tentatives, aux laborieuses aspira-
tions de ceux qui le parcourent. Et, à un jour donné,
l'art industriel — cette magnifique manifestation du
génie utile — comptait un habile, un remarquable
représentant de plus ; et alors, ou les rangs se ser-
raient pour recevoir la digne recrue, ou le nouvel
arrivé se plaçait à quelque poste brillant en avant
des lignes.

« En avant des lignes, » dis-je, et vous vous éton-
nez, car cette expression fait naître en vous l'idée

d'une phalange compacte, à l'existence de laquelle
vous n'aviez peut-être jamais songé. Et cependant,
Madame, c'est par centaines qu'on peut compter ces
hommes notables à divers degrés, qui sont pour l'industrie des tissus de toutes sortes ce qu'est l'écrivain dramatique pour les réprésentations théâtrales,
ce qu'est l'architecte pour l'érection des édifices.

Vous n'imaginez point les trésors d'imagination
chaque jour dépensés sur tous les points du globe,
et notamment en France, car il est avéré, même
pour nos rivaux les plus immédiats, que dans n'importe quel genre la palme est encore aux dessinateurs
français.

Je voudrais, par exemple, qu'il vous fût donné de
pouvoir apprécier seulement ce qu'enfante — et dans
quelles laborieuses conditions ! — le groupe des dessinateurs lyonnais. « Le dessin industriel semble
avoir pris naissance à Lyon, écrivait en 1785, Ro-
land de la Platière, celui qui devait devenir un des
personnages importants de la révolution ! Il semble
s'y complaire, croître, varier, s'y multiplier, s'em-
bellir comme dans son air natal. Aussi, tombe-t-il
languissant, lorsqu'on veut le dépayser, et tout ce
que les étrangers peuvent faire de mieux, c'est d'a-
bandonner la création des dessins à l'imagination
riche et féconde des Lyonnais et de copier leurs œuvres... » Et cette assertion a en quelque sorte la
même valeur aujourd'hui qu'il y a quatre-vingts ans.

Si vous les voyiez à l'œuvre, ces généraux, ces colonels, ces capitaines des cohortes industrielles; si vous conceviez surtout au travers de quelles difficultés, en résolvant quels problèmes techniques et économiques, ils mènent leurs pacifiques soldats aux plus surprenantes victoires, je suis certain que, sans rien perdre de votre admiration pour les grands maîtres, dont on acclame les créations idéales, vous ne laisseriez pas que d'assigner un rang très-élevé à ces hommes, qui ont pris pour mission de répandre, par toutes les voies d'une féconde industrie, tout ce qui, dans l'art, dont ils sont les fervents apôtres, peut être rendu pratique et usuel.

J'ai pu citer ceux-là les premiers, car leur célébrité collective est universelle, qui a valu, à la vieille cité assise sur les bords du Rhône et de la Saône, le titre incontestable de *Reine des soieries ;* mais ils ne le leur cèdent en rien, ceux à qui sont dues les somptueuses moquettes de Beauvais, d'Aubusson ; mais ils peuvent se dire leurs pairs, ceux par qui Mulhouse a la suprématie dans la production des toiles peintes. Et combien d'autres qui, réunis ou isolés, près ou loin de nous, accomplissent avec la même ardeur, dans leurs sphères plus ou moins étendues, cette même tâche, que je n'hésite pas à qualifier d'éminemment bienfaisante, puisqu'elle a pour but ce bien-être de la vision, ce confort du regard, dont le grand peintre, le grand sculpteur de la nature, semble s'être si magnifiquement préoccupé à notre intention.

Voyez l'ensemble des tissus que le marchand expose en vente, en partant, si vous voulez, du démocratique fichu de Provence, pour arriver au splendide châle de l'Inde ou de Paris (ce dernier est aujourd'hui, comme dessin, bien supérieur), en passant par les mousselines brodées, le damas, le brocard, le linge de table, la dentelle, le foulard, le mouchoir à vignette ; et vous verrez combien est multiple, diverse, l'habile et active intervention du dessinateur ; et alors sans doute se formulera pour vous, dans toute sa majestueuse importance, la somme d'invention, de goût, d'études, de combinaisons, artistement consacrée à faire simplement que l'uniformité d'aspect soit rompue dans la quantité d'objets offerts à vos fantaisies, ainsi qu'à vos besoins. Et, si naïves ou restreintes qu'elles puissent être, ces manifestations de l'art ne manqueront pas de vous sembler autrement estimables et méritoires qu'une foule de vagues et froides conceptions qui, sous prétexte de traduire des vues élevées et des préceptes sublimes, ne font rien que rendre témoignage du vide d'esprit et du néant des facultés de leurs prétentieux auteurs.

Mais, puisque nous sommes entrés avec les dessinateurs dans la sphère incontestablement artistique du monde industriel, je ne veux pas que nous nous en éloignions sans vous avoir présenté toute une légion, d'ailleurs beaucoup plus nombreuse encore, dans le labeur quotidien de laquelle le métier participe encore de l'art, dont elle est, si je puis m'exprimer ainsi, l'interprète manuel.

Quel que soit le mode de fabrication qu'il a en vue, le dessinateur s'est ordinairement borné à figurer, à peindre sur une feuille de papier ou de carton le modèle de l'étoffe dont il a imaginé la disposition, en tenant compte avant tout des procédés à l'aide desquels les effets doivent être produits.

S'il s'agit d'un dessin à reproduire par le tissage, vient le *metteur en carte*, qui prend, en même temps que la feuille peinte, une autre feuille, sur laquelle a été préalablement tracé un quadrille uniforme, représentant l'ensemble des fils qui doivent être employés à la fabrication du nouveau tissu. Et sur la feuille quadrillée, le pinceau du *metteur en carte* reproduit le dessin, en procédant carreau par carreau, c'est-à-dire en indiquant fil à fil le travail que le métier du tisseur doit opérer.

Les modèles qu'on vous vend pour certaines broderies sur canevas, vous donnent une idée assez exacte de ces *patrons*, mais dans des proportions singulièrement réduites, car, dans ces modèles, les points de l'aiguille sont figurés de grandeur naturelle, tandis que sur les cartes de fabrique, la représentation d'un fil de soie, par exemple, occupant un millimètre environ, il s'ensuit que le patron quadrillé d'une étoffe de deux mille fils dans sa largeur ne mesure pas moins de deux mètres, et que la *carte* d'un châle de moyenne grandeur couvrirait sans peine le parquet d'une vaste salle. Et tout cela, je vous le répète, tracé, peint millimètre par millimètre, souvent même en se livrant à un perpétuel dénombrement des *points*.

Que si vous me demandez dans quel but cette mise en carte, dont la confection doit être, vous le comprenez, d'une si absorbante et si fastidieuse longueur, je vous prierai d'attendre à tantôt : mais vous n'en aurez pas moins constaté que déjà, de ce côté, l'initiative du dessinateur appelle de nombreux auxiliaires.

Quand il s'agit d'un dessin à reproduire par l'impression, c'est le plus ordinairement au *metteur sur bois* qu'il est remis. — Je dis le plus ordinairement, et non toujours, car, pour les indiennes, les perses, certains foulards, c'est en taille-douce, au burin, à l'eau-forte, au poinçon, sur des cylindres ou des planches de cuivre, que le dessin doit être exécuté, et alors des graveurs spéciaux, véritables artistes en leur genre, sont chargés d'interpréter la donnée du dessinateur ; et je puis vous affirmer que le travail de ceux-là réclame encore la plus délicate, comme la plus persévérante application.

Le metteur sur bois — ainsi nommé parce qu'il a

pour mission d'indiquer, sur des blocs de poirier, quelquefois de buis, les contours des reliefs que le graveur doit produire — le metteur sur bois prend d'abord un calque exact, précis, du modèle, et d'après ce calque, il combine, raccorde les différentes planches qui, apportant chacune une teinte sur l'étoffe, y empreindront l'ensemble du dessin. Donc, autant de teintes et autant de planches, qui, toutes, et sans que les points de repère en soient sensibles, doivent venir en quelque sorte à l'appel de la première, qui est la véritable cheville ouvrière de tout le système.

Le compas et l'équerre sont les guides constants du metteur sur bois, mais encore doit-il, tout en ne s'écartant jamais de la précision mathématique, faire presque constamment preuve d'une habileté de main à la fois soumise et intelligente, pour ramener à l'indispensable correction, mais sans en atténuer le caractère, les lignes que l'artiste inventeur aura indiquées avec un peu trop d'indépendance.

Ai-je besoin de m'arrêter à vous dire quelle est la fonction des graveurs ? Je ne le pense pas. Mais peut-être qu'en les regardant travailler, et en voyant que, quant aux formes qu'ils dégagent en relief, rien n'est laissé à leur création, mais qu'au contraire ils sont tenus de s'astreindre servilement aux traits marqués sur la planche, vous serez tentée de leur dénier le titre d'artistes, pour leur attribuer celui d'ingénieux, de subtils découpeurs de bois... Eh bien ! croyez-moi, Madame, ne vous y hasardez point. Ce serait vouloir vous aliéner dangereusement une corporation aussi notable par le nombre que par les services qu'elle rend, et au sein de laquelle, je vous en préviens, il n'est pas rare de rencontrer plus d'un mordant esprit, plus d'une vive intelligence, — ce qui est d'ailleurs le cas de la plupart des professions où le travail s'effectue en commun, sans que le bruit ou l'application domine, ou empêche la causerie.

Que votre blessante appréciation dût vous attirer séance tenante quelque fâcheuse épigramme, non sans doute : on se pique là de tact et de savoir-vivre ; mais tout au moins verriez-vous se lever le Nestor de l'atelier... je me trompe : du *cabinet,* car telle est la dénomination généralement employée, qui a bien, comme vous voyez, son petit cachet d'importance — pour ne pas dire de suffisance ; — et le Nestor du cabinet, se faisant gravement l'écho d'une tradition dont, par parenthèse, j'ai vainement cherché à découvrir l'origine :

« Pardon, Madame, vous dirait-il, peu s'en fallut cependant autrefois que la gentilhommerie s'acquît par le seul exercice de cette profession, où vous ne voulez voir que des aptitudes manuelles. L'ordonnance souveraine, royale, allait être rendue, qui eût conféré, aux gentilshommes graveurs aussi bien qu'aux gentilshommes verriers, le droit de prendre

épée et blason, quand malheureusement les derniers
commissaires chargés d'éclairer ou plutôt d'affirmer
la question, découvrirent cela.... »

Ici, l'orateur, d'un air quelque peu navré, vous dé-
signera dans un coin de l'atelier, et plongeant à
demi dans son auge bourbeuse, la meule sur laquelle,
à chaque instant, quelque membre de l'active réunion s'en va refaire le tranchant d'une *pointe*, d'une
gouge ou d'un *ciseau*. Puis il ajoutera : « Oui, Madame, la vue de ce très-utile, mais très-vulgaire
instrument, fit craindre que les graveurs, devenus
gentilshommes, ne fussent souvent surpris dans
l'exercice des fonctions par trop roturières du ré-
mouleur. Et l'ordonnance ne fut pas rendue.

« Mais, si l'on renonça à donner aux graveurs l'é-
clatant témoignage de considération qu'ils semblaient
mériter, ce ne fut point sans avoir cherché à tourner
l'inconvénient, car, avant de conclure définitivement
à l'impossibilité d'anoblissement, on leur proposa
de passer outre s'il s'engageaient à faire exécuter
par des servants cet aiguisage, ce rémoulage, qu'ils
avaient alors pratiqué eux-mêmes. Mais, convaincus
qu'à être préparés par des mains à qui l'usage n'en
serait pas familier, leur outillage perdrait les excel-
lentes conditions dans lesquelles il importe qu'il
soit pour la perfection de leurs travaux, les graveurs
déclinèrent bravement toute prétention à l'honneur
qu'on voulait leur faire, montrant ainsi qu'ils sa-

vaient préférer aux satisfactions d'une stérile vanité, la solide et effective gloire de leur utile profession. »

C'est en ces termes, Madame, que s'exprimerait le vénérable de l'assemblée, pour peu que, dans l'atelier où vous seriez entrée, le souvenir de cet épisode, en quelque sorte légendaire, trouvât autant de crédit que là où j'ai passé plusieurs de mes jeunes années.

Vous avez sans aucun doute entendu faire grand bruit de la fière réplique attribuée à Ricci, le digne successeur d'Ignace, fondateur de la compagnie de Jésus.

« *Sint ut sunt, aut non sunt*, qu'ils soient comme ils sont, ou qu'ils ne soient pas, » répondit ce général de l'ordre, quand de menaçantes voix le sollicitaient d'introduire des réformes dans les statuts.

Je vous laisse le soin de décider si — du moins en tant que mobile d'une énergique résolution — le *sint ut sunt* de l'humble corporation industrielle le cède de beaucoup à celui de la célèbre association religieuse.

On estime qu'en moyenne un dessinateur peut occuper, pour la traduction pratique de ses compositions, une dizaine de metteurs en carte, ou autant de metteurs sur bois, et c'est à peu près dans la même proportion décimale que s'établit le rapport du nombre des metteurs sur bois au nombre des graveurs. Si donc je vous ai affirmé, avec raison, que les dessinateurs constituaient à eux seuls un état-major aussi considérable que brillant, figurez-vous la magnifique armée qu'on formerait en réunissant les groupes divers de leurs intelligents et inséparables satellites.

Et, comme vous pourriez regretter de voir les cadres de cette méritante armée se recruter exclusivement dans la classe masculine, je dois vous faire remarquer que quelques sujets féminins viennent s'y adjoindre.

Vous avez pu voir souvent, sur les mousselines imprimées, par exemple, certain sablés ou pointillés, tantôt uniformes, tantôt gradués. Ces effets sont obtenus par autant de petites pointes de laiton, que plantent une à une dans les planches gravées, des femmes qui — vu le terme de *picots* employé pour désigner ces pointes — prennent la qualification de picoteuses. Ce travail, sans offrir de grandes difficultés, exige cependant une application et une précision de main et de coup d'œil qui ne se rencontrent pas chez toutes les ouvrières. J'ai vu d'habiles picoteuses placer jusqu'à trois mille pointes dans une journée; mais j'ai vu des planches, parfois même destinées à des ouvrages très-ordinaires, recevoir jusqu'à cinquante mille picots...

Mais je vous disais qu'à certaine époque, d'impérieuses circonstances m'avaient poussé à sortir de la voie jusqu'alors suivie, pour m'engager dans une

nouvelle qui, bien que voisine de la première, n'é-
tait cependant praticable que dans des conditions
essentiellement différentes.

Averti par l'expérience acquise ailleurs, je ne m'ex-
posai pas à ce qu'on me renvoyât étudier l'exécution.
J'y allai de moi-même. Le hasard m'avait donné
pour voisin un vieux metteur en carte, qui passait
généralement pour un homme fort entendu dans les
questions industrielles, mais qui avait en même
temps la réputation d'être aussi brusque qu'origi-
nal, en sorte que les novices, à qui l'idée était venue
de le prendre pour guide, n'avaient pas tardé à être
rebutés par la seule singularité de son procédé d'enseignement.

A tout risque cependant, me voilà frappant à la
porte de mon voisin.

« Toc, toc!

— Entrez. »

J'entre, et me trouve en présence du bizarre personnage, penché sur un large pupitre, où était étalée
une de ces grandes feuilles de papier quadrillé dont
nous parlions tout à l'heure.

« Que demandez-vous? » me dit-il, après m'avoir
à peine accordé un oblique coup d'œil, et sans imposer la moindre halte au pinceau chargé de vermil-
lon que sa main faisait courir de carreau en carreau.

Me voilà exposant ma requête... Il ne me laisse

pas achever : « Bon ! je vois ce que c'est, vous avez besoin d'apprendre la fabrique ; vous avez entendu dire que j'en avais quelques notions ; et vous venez me prier de vous enseigner ce que je sais.

— Juste ! » fis-je alors, en affectant un ton résolu qui ne parut pas déplaire à mon interlocuteur, car il m'honora d'un regard direct et d'un léger repos de son pinceau.

Puis, quand il m'eut un instant considéré : « Vous êtes jeune, reprit-il, vous devez avoir une volonté ferme, et aussi de bonnes jambes.

— De bonnes?... répétais-je, croyant avoir mal compris.

— Jambes, » affirma le bourru.

Cette fois j'avais fort bien entendu. C'était incontestablement de l'organe de la locomotion qu'il s'agissait, à propos d'une étude qui me semblait devoir exiger au contraire les plus sédentaires dispositions.

« Volonté de fer et jarret d'acier, » répliquai-je toutefois.

Aussitôt je vis le metteur en carte se dessaisir de son pinceau, pour ouvrir à côté de lui un tiroir plein de bribes d'étoffes de toutes les natures et de toutes les couleurs, parmi lesquelles il choisit deux chiffons grossiers qu'il me présenta. « Voilà, me dit-il, un morceau de toile d'emballage et un morceau de serge commune ; prenez-les, emportez-les chez vous ; armez-vous, s'il en est besoin, d'un canif pour les déchiqueter, d'une loupe pour en mieux examiner les détails ; et, quand vous croirez pouvoir formuler la raison de la différence qui existe entre ces deux étoffes, revenez. »

Et, après m'avoir, sans plus de façon, indiqué d'un geste la porte que j'avais laissée entr'ouverte, il se remit tranquillement au pointillage de son papier.

Ce fut ma première leçon, qui ne me sembla pas notablement contredire l'opinion qu'on m'avait donnée du professeur auquel j'avais cru devoir m'adresser.

Quoi qu'il en fût cependant, je ne laissai pas que de me mettre à disséquer sérieusement, attentivement les deux loques. Puis je retournai chez mon voisin.

Dès qu'il m'aperçut : « Eh bien ! Qu'avez-vous vu ?

— J'ai vu dans l'un des morceaux d'étoffe l'entrelacement des fils se produire selon un ordre unique et constant, c'est-à-dire le fil longitudinal passant sous le fil transversal après avoir passé dessous, et ainsi de suite, dans tous les sens.

— C'est le morceau de toile d'emballage ou type de toutes les étoffes dites *unies*. Mais dans le second ?

— Dans le second j'ai vu l'ordre d'entrelacement du premier modifié en cela, qu'au lieu de se chevaucher un par un, les fils, dans un sens, se chevauchent deux par deux.

— C'est le morceau de serge ou type de toutes les

étoffes dites *croisées* ou *façonnées*. Mais qu'avez-vous remarqué quant à l'aspect des deux tissus ?

— J'ai remarqué que, dans le premier, le *grain* du tissu offrait l'aspect d'un damier à cases régulières, symétriques dans toutes les directions ; tandis que l'aspect du second rappelait celui d'un carrelage obtenu avec des briques ayant une longueur double de leur largeur, et posée l'une dans un sens, l'autre dans l'autre.

— Eh bien ! fit avec une sorte de simple solennité le professeur, qui déjà me semblait avoir beaucoup perdu de sa brusquerie, rappelez-vous que vous venez de remonter par vous-même aux deux combinaisons fondamentales, sur lesquelles repose la confection de tous les tissus. — J'entends de ceux dont les fils s'entre-croisent toujours à angles droits, et non, par exemple, des dentelles et des tricots, obtenus les unes par des torsions, les autres par des suites de *mailles*. Encore une fois, retenez-le bien : faire que les fils s'entrelacent un à un, ou faire que cet ordre primitif soit interverti sur toute l'étendue, ou sur quelques points seulement de l'étoffe ; toute la fabrication est là ; mais, si simple qu'à l'énoncé vous puisse paraître ce problème, il n'a pas moins, depuis que le monde est monde, mis bien des cerveaux à la torture, et... »

Il s'interrompit. Puis, sans motiver cette interruption : « A trois petites lieues d'ici, reprit-il, est un village que vous connaissez peut-être et qu'en tous cas, il ne vous sera pas difficile de trouver (il nomma le village). Rendez-vous-y. Demandez la maison de Pierre Lauret, le tisserand, tout le monde saura vous l'indiquer. Saluez Pierre Lauret de ma part, et dites-lui que je le prie de vous laisser le voir travailler. Regardez bien, tâchez de comprendre. Et vous viendrez ensuite me raconter votre voyage. »

Je me rendis chez Pierre Lauret; et, quand je reparus chez mon maître :

« Eh bien! avez-vous trouvé l'habitation et l'habitant.

— Oui, j'ai trouvé, dans une salle basse, assez obscure, fort mal aérée, et partant singulièrement humide, un homme dont le teint blême et l'aspect languissant m'ont été de reste expliqués par un séjour prolongé dans un tel lieu.

— Avez-vous fait cette remarque devant lui?

— Oui. Il m'a reparti tranquillement : « C'est le travail qui le veut. »

— Il vous a dit vrai. Le travail le veut en effet ainsi. Et il y a, depuis qu'on fait de la toile, des milliers d'hommes qui passent leur vie dans des espèces de caves, pour que les fils tendus sur leurs métiers conservent la moiteur qui les rend à la fois plus souples, plus résistants, et les empêche de se rompre. Dans nos pays, on ne trouve guère qu'un ou deux tisserands par ci, par là, convertissant en toile le chanvre que les bonnes femmes ont filé à la veillée, ou les bergères au pâturage. Mais dans les pays où l'industrie toilière est en quelque sorte nationale, dans la Flandre, la Bretagne, la Saxe, par exemple, ce sont des populations tout entières qui s'étiolent dans ces réduits malsains.. Mais laissons cette question. Pierre Lauret vous a, sans aucun doute, fort bien reçu, et, quand vous lui avez dit que vous veniez le voir travailler....

— Il m'a prié d'attendre quelques instants. Et, comme il paraissait en ce moment fort occupé à surveiller une grande marmite pleine de *panade*, qui bouillait sur son feu de braise, j'ai cru devoir l'assurer que, quelle que fût mon impatience de le voir à l'œuvre, je saurais tout naturellement différer jusqu'à ce qu'il eût achevé de préparer et de prendre son repas. Il m'a fait alors observer en riant que je me méprenais sans doute sur la nature et l'emploi du brouet dont il surveillait la cuisson.

« Quoi ! n'est-ce pas du pain que vous faites bouillir ?

— Oui, sans doute, mais du pain de *pauvre*.

— Comment, du pain de pauvre?

— Vous savez certainement que, dans les campagnes, où l'argent est beaucoup plus rare qu'à la ville, l'aumône faite aux mendiants consiste le plus souvent en un morceau de pain. Certains besaciers en amassent de véritables charges qui suffiraient dix fois à leur nourriture. Ils en revendent d'ici, de là, aux gens qui ont des chiens ; nous autres tisserands, nous en achetons aussi, pour préparer une colle qui nous sert à enduire nos fils de chaîne, afin qu'ils glissent mieux dans les *lisses*. »

Comme je répétais ce dernier mot, tout nouveau pour moi, le tisserand, qui venait d'enlever la marmite du feu, m'emmena près de son métier. Ce métier est tout bonnement composé d'un grand bâtis de bois carré long. A chaque bout est un rouleau horizontalement attaché aux montants du métier. Les fils qui doivent composer la chaîne de l'étoffe vont de l'un à l'autre de ces deux rouleaux (1). A peu près au milieu de leurs parcours, ils rencontrent, suspendus, deux espèces de râteliers ou peignes à deux dos, dont les dents sont aussi rapprochées que les fils le sont eux-mêmes. Ce sont ces râteliers, ces peignes, que le tisserand appelles *lisses*, et entre les dents desquels les fils s'engagent alternativement, moitié dans les dents de l'un des râteliers, et moitié dans les dents de l'autre. Une pédale commande, par une corde, chaque râtelier. — Le tisserand posa le pied sur l'une de ces pédales ; alors je vis l'une des deux lisses s'élever, et avec elle tous les fils qui étaient

(1) L'un de ces rouleaux porte le nom technique d'*ensuble* ou *ensuple*. Nous voyons dans la Bible que « le bois de la lance du géant Goliath était gros comme l'ensuble d'un tisserand. »

passés dans ses dents. Alors, l'ensemble des fils se trouva divisé en deux nappes formant l'une avec l'autre un angle aigu. Le tisserand prit à la main sa *navette* — petit instrument de buis fait comme un batelet pointu des deux bouts (1) portant, dans un espace ménagé au centre, une petite bobine chargée de fil — et il la lança vivement dans l'angle ouvert par les deux nappes de fils.

La navette en courant d'un bord à l'autre déroula le fil de sa bobine. Puis, en appuyant sur l'autre pédale, le tisserand fit s'élever le second râtelier, pendant que le premier s'abaissait, ce qui produisit un entre-croisement des fils, entre-croisement dans lequel le fil laissé par la navette se trouva emprisonné ; puis le tisserand renvoya la navette par où elle était venue; puis le premier râtelier remonta pendant que le second descendait et un nouvel entre-croisement de la *chaîne* emprisonna le nouveau fil de *trame*. Et ainsi de suite... J'ai remarqué encore, qu'après chaque coup de navette, le tisserand ramenait contre lui, c'est-à-dire contre l'endroit où les fils s'entre-croisaient, un autre râtelier très-massif, très-lourd, dont la manœuvre avait pour effet de serrer le tissu.

— C'est le battant. Vous avez sans doute aussi remarqué que, de la combinaison du triple mouve-

---

(1) *Navette*, qui vient du latin *navis*, comme navire signifie en effet *petit bateau*.

ment des lisses, de la navette et du battant, résultait une toile ordinaire, c'est-à-dire une étoffe ou l'entrelacement des fils était parfaitement régulier. Mais l'idée ne vous est-elle pas venue de demander à Pierre Lauret ce qui arriverait si, au lieu de ne mettre au métier que deux lisses, s'élevant et s'abaissant immédiatement l'une après l'autre, on en mettait trois, quatre, six, dix, qui se partageraient le commandement des fils par tiers, quart, sixième ou dixième, et que l'on manœuvrerait en observant un ordre régulier?

— Non, mais je crois comprendre qu'il se produirait alors de ces entrelacements irréguliers, dont votre morceau de serge m'a donné un des exemples les plus simples, c'est-à-dire des étoffes qui, par l'aspect et la contexture, différeraient essentiellement de la toile ordinaire.

— Vous avez raison; et, ne vous semble-t-il pas que, par conséquent, en multipliant à l'infini le nombre des lisses et en combinant le mouvement des pédales, il doit être possible d'obtenir des étoffes de tous les aspects et de toutes les contextures?

— Certainement.

— Alors, tout doux, mon bel ami, vous n'y êtes plus. Jusqu'à dix, douze, quinze, ou vingt lisses même, la chose est faisable avec un surcroît d'attention de l'ouvrier. C'est ainsi, par exemple, que sont fabriqués les coutils, les mérinos, diverses draperies, les linges de table damassés à courts dessins, et quelques autres articles de la même famille; mais, songez, je vous prie, que chaque coup de lisse et de navette n'avance le travail que de l'épaisseur d'un fil; songez, en outre, qu'il y a des tissus où le dessin ne se répète qu'à une distance de vingt, trente, quarante, soixante centimètres et plus, distance qui peut représenter l'épaisseur de cent, mille, deux mille fils. Il faudrait donc adapter au métier cent, mille, deux mille lisses et autant de pédales. Mais, outre que ce serait là une première impossibilité matérielle, dites-moi si vous croyez que le pied, ou même l'œil de l'ouvrier pourrait se reconnaître dans cette forêt de leviers?

— Je crois, repartis-je en souriant, qu'il se produirait une certaine confusion... Mais alors?...

—Alors, retournez en promenade. Allez-vous-en au n° 10 de la rue Saint-Claude, — ce n'est qu'à l'extrémité de la ville. Vous demanderez là Jean Malison, tisseur en façonnés, et, toujours venant de ma part, vous ferez avec lui comme vous avez fait avec Pierre Lauret. Allez. »

J'allai donc chez Jean Malison.

Quand je fus de retour : « J'ai vu là, dis-je à mon vieux voisin, tout ce que j'avais vu chez Pierre Lauret, excepté les lisses.

— En ce cas, comment les fils de la chaîne sont-ils

manœuvrés, pour que le fil déroulé par la navette les couvre ou en soit recouvert.

— Au-dessus du métier, une boîte est installée, dans laquelle sont rangées, comme des fusées dans une caisse d'artifice, autant de crochets de métal qu'il y a de fils à la chaîne de l'étoffe. Une ficelle qui descend de chacun de ces crochets les rattache à l'un des fils. Au-dessous de chaque rang de crochets est une lame qui, à chaque coup de navette, se soulève, et soulèverait avec elle tous les crochets, si certains de ceux-ci n'avaient pas été préalablement repoussés de côté. Mais tous les crochets sont susceptibles d'être dérangés, et voici comment. A chacun est adaptée une tige de fer qui va sortir sur le côté de la boîte. Or, sur l'endroit où les bouts de ces tiges se présentent en bataillon serré, vient à chaque *pulsation* du métier battre un bloc de bois percé d'autant de trous correspondant aux tiges qui peuvent y pénétrer. Mais à chaque mouvement une feuille de carton vient s'interposer, dans laquelle des trous ont été aussi pratiqués d'ici et de là, dans un ordre combiné. Si un trou se rencontre en face de la tige, la tige pénètre, et le crochet auquel elle aboutit n'étant pas dérangé, est enlevé par la lame, et le fil de chaîne correspondant est soulevé. Tandis que si, au contraire, le carton est plein, la tige est repoussée, qui dérange le crochet et fait que la lame l'échappe ; et le fil de chaîne correspondant reste en repos.

Tout se réduit donc par ce système à percer les feuilles de carton en conséquence du nombre des fils qui doivent être soulevés, pour produire l'entrelacement voulu, et à avoir autant de feuilles de carton différentes que le dessin comporte de différents entrelacements des fils de chaîne et des fils de trame. C'est aussi merveilleusement simple que merveilleusement ingénieux.

— Aussi, me répliqua le metteur en carte avec une très-sensible animation, aussi n'est-ce rien moins que la merveilleuse découverte de Jacquart, qui fut, à proprement parler, pour le tissage des étoffes, ce que l'invention de l'imprimerie fut pour la fabrication des livres ; car, tout ce qu'on avait imaginé de mieux jusqu'alors se bornait à la complication du nombre des lisses, qui, vous le comprenez, ne pouvait pas être poussée très-loin, ou bien à l'invention des métiers dits *à la tire*, où le tisserand avait pour servants des enfants, des femmes, des vieillards qui, les yeux fixés sur un indicateur, étaient chargés de tirer des *lacs* ou cordes, disposées de façon à commander tels ou tels des fils de la chaîne. On obtenait ainsi d'assez beaux résultats, mais Dieu sait avec quelle lenteur, moyennant quel nombreux personnel, et au prix de quelles souffrances endurées par les pauvres tireurs de lacs qui, obligés d'avoir l'attention portée à la fois et sur l'indicateur et sur l'ouvrier, et placés, par une étrange disposition les appareils, dans la plus fatigante posture, devaient encore opérer de grands efforts pour le tirage des cordes. Aussi, dans les centres où le métier à la tire était employé, pouvait-on voir des multitudes de gens que cette cruelle manœuvre rendait étiques et contrefaits.

Quand, à Lyon, le métier Jacquart parut, qui supprimait tout ce gênant et martyrisant attirail, peu s'en fallut cependant que l'inventeur ne fût bel et bien jeté, pieds et poings liés, dans le Rhône, par les tireurs de lacs, qui l'accusaient, sincèrement sans aucun doute, de causer la ruine de l'industrie. Mais on parvint à l'arracher de leurs mains et à le garantir de leur fureur. Et, quelques années plus tard, la fabrication étant devenue, grâce à lui, aussi facile, aussi rapide et aussi relativement économique qu'elle était auparavant lente, pénible et dispendieuse, il arriva que les débouchés s'ouvrirent nombreux, et que là où il y avait un seul métier à la tire, occupant trois ou quatre personnes, on en comptait au moins vingt à la Jacquart, qui nécessitaient un concours de bras proportionnel. »

Le professeur fit une pause, pendant laquelle je ne manquai pas de me disposer déjà à partir pour quelque nouvelle pérégrination ; mais j'en fus, momentanément du moins, pour mes préparatifs, car, du moment où il m'avait fait prendre une idée sommaire des procédés de tissage, il crut devoir attirer

mon attention sur la carte à laquelle il travaillait.
Il me fit voir avec quelle minutie il y marquait le
rôle que chaque fil aurait à jouer pour traduire le
dessin. Mais, quand je lui demandai la raison d'être
de cette traduction, il m'envoya chez le *liseur*, ou
artisan chargé de percer les *cartons*, d'après les indications de la mise en carte.

Après le liseur, je visitai les *dévideuses*, qui mettent en bobines les fils arrivés en *flottes* du moulinage ou de la filature; puis les *ourdisseuses*, dont les
fonctions, d'ailleurs délicates, consistent à disposer
sur un rouleau s'adaptant au métier, sur l'*ensuble*,
l'ensemble des fils dont la chaîne sera composée.

Il fallut donner un regard à la *faiseuse de canettes*,
qui garnit de trame la petite bobine que porte la navette. La *remetteuse* ne fut pas oubliée, qui fait sa
spécialité de disposer sur le métier à tisser la chaîne
venant de chez l'ourdisseuse...

Puis, quand il m'eut laissé entendre qu'en de certains cas il arrivait qu'on multipliât les *chaînes* d'une
étoffe, mon professeur m'envoya visiter un *veloutier*,
qui me montra en effet que, pendant qu'une des deux
chaînes sert au tissage proprement dit, l'autre se re-
plie en boucles, qu'on laisse formées si l'on veut obtenir de l'*épinglé*, ou que l'on fend pour produire
le *poil* du velours ordinaire, poil qui se trouve ainsi
résulter d'une multitude de petits pinceaux rappro-
chés, de même longueur.

Puis... Mais que sais-je enfin? la liste de mes courses serait longue. Toujours est-il que, soit excellence de la méthode, ou peut-être seulement excellence de mes jambes, deux mois ne s'étaient pas écoulés, que je pouvais déjà me croire assez familier avec les diverses opérations pratiques de la fabrication, pour espérer qu'en m'aidant des lois théoriques dont je comptais poursuivre sérieusement l'étude, je ne tarderais pas à être en état de faire quelques pas sans trébucher dans ma nouvelle carrière. J'avais même montré des essais de compositions à mon maître, qui ne les avait pas jugées trop inexécutables, quand un beau jour, savez-vous ce qu'il advint? Eh! mon Dieu, il advint qu'un de ces bizarres coups de vent, comme il en souffle sur toutes les destinées, me repoussa, de la région où l'on ne s'occupait que de tissage des étoffes, dans celle où l'industrie consistait exclusivement à les imprimer. De sorte qu'allant faire mes adieux au brave homme, dont j'avais appris à estimer le prétendu caractère fantasque, il m'arriva d'exprimer devant lui le regret d'avoir consacré en pure perte autant de temps à l'acquisition de connaissances, que, sans doute, je ne trouverais jamais l'occasion de mettre à profit.

« En pure perte, répéta-t-il, non, mon ami; ne dites pas cela; car, outre que vous ignorez si l'occasion ne se présentera pas pour vous de tirer parti de cette étude, je ne saurais admettre qu'un homme intelligent pût considérer comme perdues les heures employées à se former une idée juste de l'utile et laborieuse tâche remplie ici-bas par tels ou tels de ses semblables. Je trouve, au contraire, qu'il y a dans le monde trop de gens qui restent complétement indifférents à un ensemble d'efforts, dont ils ont le bénéfice plus ou moins immédiat. Je crois qu'on se récrierait moins souvent sur le prix matériel des choses, si l'on en connaissait la valeur morale; mais généralement on se préoccupe fort peu de la connaître, et l'on a tort, grand tort; car il résulterait inévitablement de cette recherche un mutuel surcroît d'estime de l'homme pour l'homme; et qui sait si la paix intérieure des nations, et même la concorde universelle ne tiennent pas à cet oubli insignifiant en apparence? Qui sait si là encore une petite cause ne produirait pas de grands effets?... »

Ainsi me parla le vieil artisan. Depuis, j'ai souvent médité ses paroles, et... je vous les donne à méditer à votre tour.

X

LES APPRÊTS. — L'IMPRESSION

Si vous voulez bien le permettre, et encore que cette station — surtout au point de vue de l'importance de production — dût être une des plus notables de notre voyage, je me dispenserai de vous faire visiter les ateliers de tissage mécanique ; d'abord parce que là, à part l'habile substitution du moteur sans âme au moteur humain, vous ne verriez mis en œuvre aucun principe industriel que ne vous eût déjà fait connaître le tissage à la main. Ce sont toujours des *lisses* qui se lèvent, ou des crochets qui dansent dans la boîte, contre laquelle viennent s'appliquer les cartons troués ; toujours des navettes qui passent et repassent, toujours des *battants* qui frappent pour serrer la croisure des fils : seulement, au lieu que l'ouvrier conduise, dirige tout cela, il n'est à proprement parler que le servant, que l'esclave de la machine qui marche d'un train... de machine. Sa mission se réduit à remplacer dans la navette les *canettes* vides, et à rattacher les fils qui se rompent. Aussi, le plus souvent, confie-t-on à une seule personne, quelquefois même à un enfant, le service de deux métiers. Or, comme un métier automatique fait, terme moyen, quatre ou cinq fois plus de besogne que n'en ferait un ouvrier sur le métier à bras, il s'ensuit que les antagonistes des machines ne manquent point de se lamenter sur l'inévitable mise au repos des bras. Mais il y a par exemple, ce singulier argument à leur opposer, qu'en Angleterre, où on ne compte au total que quatorze millions d'ouvriers de toutes les industries, les seules fabriques de coton produisent, grâce aux machines, auxquelles il faut de nombreux servants, un travail équivalent à celui de quatre-vingts millions d'individus qui agiraient par les anciennes méthodes.

Un second motif qui peut-être aussi me fait renoncer à vous conduire dans ces ateliers — et qui a bien sa valeur, du moment où vous m'avez accepté sans méfiance pour cicerone — c'est que je ne sais pas jusqu'à quel point vous vous trouveriez satisfaite du concert auquel je vous aurais exposée.

Je puis, je crois, dire sans forfanterie aucune que je ne suis pas de ceux que le tumulte industriel effraye ou fatigue. Venu au monde en quelque sorte dans des fabriques où c'est à grands coups de maillet que des bataillons d'imprimeurs forcent les planches gravées à laisser leur empreinte sur les tissus, j'ai fréquenté les aiguiseries, les lamineries, les forges des centres métallurgiques, et j'ai vécu quelque temps dans un moulin où, au-dessus de trois paires de meules, se trémoussaient autant de claquets, mais je vous déclare net que tout ce que j'avais précédemment entendu pouvait passer pour chanson plus ou moins harmonieuse en comparaison du vacarme par lequel je suis allé me faire dernièrement étourdir, en pénétrant dans un des tissages mécaniques d'Amiens.

Imaginez-vous deux cents métiers environ travaillant à la fois dans la même salle ou plutôt sous la même halle, et fonctionnant avec des vitesses de cent vingt à cinquante pulsations à la minute; notez que la main de l'homme qui lançait silencieusement la navette de buis est remplacée, dans le métier mécanique, par un double taquet de fer qui heurte violemment une navette, toute garnie aussi de métal, ajoutez que le *battant* est chassé et ramené par des bras de fer, et que les lisses sont mues par des chaînes tirant sur des roues dentées. De cet ensemble résulte non pas un de ces bruits qui, si intense qu'ils puissent être, se trouvent encore comme modérés, par ce fait qu'ils sont composés du fracas de notes éclatantes primant une grave et sourde sonorité, dans laquelle elles se fondent ou s'atténuent; non, là, c'est une confusion, une précipitation indéfinissable de *frappements* secs qui vous secouent, vous transpercent le cerveau :

vous vous croiriez, si je puis ainsi dire, dans une atmosphère de coups de pistolets, détonnant sans retentir.

Jusqu'alors, dans la plupart des ateliers bruyants, j'avais vu que, par une certaine habitude, ou plutôt par un procédé d'articulation, les ouvriers arrivaient à dominer le bruit, et à s'entendre même à quelque distance : dans celui-là, au contraire, j'ai fort bien remarqué que les ouvrières qui voulaient se parler étaient obligées de quitter leur place, pour aller mettre littéralement leurs lèvres dans l'oreille de leur compagne.

Je ne veux pas dissimuler que, s'il faut accorder quelque crédit à l'opinion qui prétend qu'une profonde inimitié existe entre la femme et le silence, les médisants doivent considérer comme bienvenu le tissage mécanique, qui réussit à opérer la miraculeuse réconciliation. Mais il me semble qu'en ce cas le remède est pire que le mal, si mal il y a ; et je ne vous cache point qu'en parcourant cet atelier, je me prenais d'un sincère sentiment de compassion, à l'adresse de la centaine de femmes réduites au mutisme par cet infernal remuement de ferailles : « Las ! où est-il le tranquille réduit de Pierre Moret, » pensais-je.

L'idée de comparaison ne manqua pas non plus de se présenter à mon esprit, quand, au sortir de l'atelier de tissage, j'entrai dans la salle, ou plutôt l'é-

tuve — je serais presque tenté de dire le four — où
s'exécute le *parage* ou encollage des fils de chaîne.

J'avais vu le brave tisserand de village apporter
tout bonnement près du métier la marmite où avait
mijoté le pain de pauvre ; et c'était sur le métier
même qu'il avait enduit ses fils de bouillie. A vrai
dire, chez lui, le tissage n'allait pas avec une telle
vitesse que les fils, d'ailleurs longuement dépliés,
n'eussent pas le temps de sécher avant d'arriver au
point de croisure ; mais, pour fournir au grand et
populeux atelier, où deux cents rouleaux de chaîne
s'absorbent à la fois avec une dévorante rapidité, et
où chaque métier doit occuper le moins d'espace
possible, il a fallu aviser à ce que l'encollage fût produit d'une façon deux cents fois plus expéditive.

En conséquence, on a fait courir au ras du sol,
dans une immense salle, tout un système de gros
tuyaux de fonte, où circulent des torrents de chaleur,
et qui ont de cet endroit comme une sorte de pays
torride dont ils sont les serpents. Les rouleaux venant de l'ourdissage arrivent là, les fils sont tendus
d'un bout à l'autre de la salle au-dessus des tuyaux
brûlants. Puis, par une température qui ne descend
jamais au-dessous de 35 degrés, mais qui s'élève parfois jusqu'à 5o, des hommes vont et viennent qui,
penchés sur ces fils, les encollent avec de grandes
brosses. Et cela, comme on dit, tous les jours que le
bon Dieu fait, depuis le premier janvier jusqu'au

trente et un décembre; et ils n'en sont pas plus fiers, allez! Pourtant on aura pu leur dire que le séjour au Sénégal compte, je crois, double, pour la retraite ou l'avancement des soldats et des membres des missions consulaires.

Quoi qu'il en soit, passons. D'ailleurs, notons-le, de même qu'en de certaines contrées, le filage mécanique, si répandu en d'autres, n'est aujourd'hui qu'à peine intronisé, de même des industries à peu près entières ne connaissent encore que le tissage à la main. Nous avons déjà rangé parmi celles-ci la toilerie de Bretagne, mentionnons encore, sur tous les points de notre sol, aussi bien que dans les pays voisins, la production de la draperie proprement dite, à laquelle le tissage automatique ne semble même pas prêt d'être appliqué; constatons que, pour la soierie et notamment dans la glorieuse métropole lyonnaise, le métier à bras est pour ainsi dire seul en usage, si ce n'est pour quelques articles courants, comme les *florences*, sorte de taffetas léger, dont il me souvient avoir vu, il y a une vingtaine d'années, fonctionner déjà une importante fabrique mécanique dans les montagnes de l'Ardèche.

Puis enfin, comme le remarque fort bien M. Jules Simon (et Amiens, Lille, Rouen, Roubaix, sont là pour rendre témoignage en faveur de cette assertion), « même dans les pays où le tissage automatique est le plus en règne, il y a presque toujours un grand

nombre d'ouvriers et d'ouvrières qui travaillent chez
eux, pour l'établissement, sur des métiers à bras. »
Et il va sans dire que ce saint Jean bouche d'or de la
moralisation industrielle, qui s'attriste si éloquem-
ment sur la suppression de la vie de famille par les
manufactures, applaudit des deux mains à cette situation aujourd'hui exceptionnelle, laissant encore
des maris auprès de leurs femmes, et des mères auprès de leurs enfants. Pour moi, je sais...

Mais vous m'arrêtez : « Çà, Monsieur, allons-nous,
à propos de chiffons, nous lancer dans le dédale des
hautes questions sociales?...

— Eh bien, non! Madame, car, après tout, le terrain serait glissant à un pauvre philosophe de ma
trempe : nous allons tout bonnement retourner à
nos chiffons.

S'il s'agit de tissus de chanvre, de lin ou de coton,
destinés à figurer sur l'un des rayons de *blanc* du
magasin — à part quelques articles qui se vendent,
comme on dit, en écru — il faut que ces tissus su-
bissent le blanchiment et l'apprêt.

Pour les toiles de coton, calicots, mousselines, le
blanchiment est généralement opéré aujourd'hui par
des immersions successives dans des solutions de po-
tasse qui *dégraissent* les fils, et dans des *bains* de
chlore qui les décolorent. Après maints lavages à
l'eau pure, il faut pratiquer le roussi, qui consiste
à passer l'étoffe avec la rapidité de l'éclair sur des

cylindres chauffés au rouge, qui en brûlent le duvet. Puis, enfin, on les amidonne à peu près comme vous voyez faire journellement pour le linge ordinaire.

Autrefois, tous les tissus de nature végétale, quels qu'ils fussent, étaient blanchis, comme le sont encore les toiles de chanvre et de lin, par la seule exposition sur le pré. Aussi, dans les pays où ces derniers tissus se fabriquent, voyez-vous de vastes prairies entre-coupées d'étroits canaux, toutes drapées de blanc. Des hommes sont là qui, munis d'une *écope*, arrosent constamment avec l'eau des ruisselets qui coulent entre les rangées de toiles; et l'action combinée de l'air, de l'eau, de la lumière, a pour effet de détruire, ou, pour parler techniquement, d'oxygéner ou de faire absorber par l'oxygène les matières colorées qui adhèrent aux fibres.

Jadis, Apollon, Dieu du jour, chassé du ciel, dut, nous dit-on, déroger jusqu'à paître les troupeaux; le voilà maintenant qui, sans descendre de son char resplendissant, travaille à nettoyer l'étoffe où nous taillerons nos chemises et nos mouchoirs. Plus il brille, mieux va la besogne. Hourra pour sa gloire, qui est utile!

S'il s'agit de tissus de soie, la série des opérations du finissage n'est rien moins que très-complexe souvent, et toujours très-minutieuse. Pour les taffetas, c'est le lustrage; pour les satins, le cylindrage; pour les gazes, le gommage... Il faut mentionner, comme une véritable industrie à part, le *moirage*, qui donne lieu à des travaux d'une nature toute spéciale, car ces effets que vous voyez dans la moire ne sont obtenus qu'en soumettant les tissus, disposés, pliés en conséquence, à des pressions produites par des engins d'une force considérable.

Quoi qu'il en soit cependant des diverses manipulations que je viens de vous signaler, pour les étoffes de soie, aussi bien que pour celles de chanvre, de lin ou de coton, on peut les considérer comme des parties relativement minimes dans l'ensemble de la fabrication, et il en est à peu près de même pour les étoffes de laine non drapées, comme les mérinos, les *escots*, les *stoffs*, qui, après avoir été dégraissées et teintes, sont tout simplement soumises à des pressions chaudes, destinées à leur donner le *lustre marchand*; mais, pour la draperie proprement dite, *casimir*, *cuir-laine*, etc., etc., on peut affirmer que la pièce, quand elle sort des mains du tisseur, n'est que tout au plus à moitié ouvrée; et je vous prie de me laisser vous en donner la preuve.

Enlevée du métier, elle passe d'abord aux *épince-teuses* ou *énoueuses*, qui la visitent à travers le jour, et qui, à l'aide de petites pinces ou bruxelles, ôtent les *bouchons* résultant du nouage des fils par le tisseur, et réparent à l'aiguille les *clairures* ou lacunes.

Après l'*énouage*, il faut dégraisser l'étoffe, la débarrasser de l'huile dont on avait dû empreindre la

laine pour faciliter le filage et le tissage. C'est ordinairement en la lavant dans une dissolution alcaline,
ou dans de l'eau mélangée d'argile, dite terre à foulon, et en la faisant passer ainsi baignée entre des
cylindres de bois, qu'on dégraisse l'étoffe.

Puis elle est portée au *foulage* — opération dont
le but est de lui donner cette moelleuse consistance
qui forme le caractère principal de la draperie. Les
foulons sont de gros marteaux ou pilons de bois, qui
battent dans des auges où l'on place les pièces, et où
l'on fait arriver de l'eau savonneuse. Le choc prolongé des pilons opère sur les brins de laine une
sorte de feutrage, d'enchevêtrement, que la dissolution savonneuse à la fois facilite et empêche de devenir complète.

Les pièces ayant été lavées, *dégorgées*, séchées, on
les livre au *lainage* ou *garnissage*, qui consiste à
peigner dans un même sens le duvet qu'a développé
et emmêlé le foulage. Autrefois c'était à la main,
avec des étrilles garnies de têtes de chardons qu'on
produisait le garnissage ; aujourd'hui on emploie
encore les mêmes chardons, mais le corps de l'étrille
est un grand rouleau qui tourne mécaniquement.

Au retour du garnissage, le drap a l'aspect que
vous voyez aux couvertures, au molleton, car les
couvertures et le molleton sont des draps dont le
garnissage est le dernier apprêt. Mais le drap n'est
pas fait pour rester aussi barbu. On le porte donc

au *tondage* — qui, jadis, se pratiquait à l'aide de grands ciseaux, et qui, aujourd'hui, est généralement opéré par des machines, dans lesquelles des rouleaux armés de lames très-tranchantes rasent le poil sans toucher le corps de l'étoffe.

Puis vient le *catissage*, qui doit donner le brillant, et qui se pratique en glissant entre les doubles du tissu des cartons très-lisses, et des plaques métalliques chauffées, et en soumettant le tout à une pression très-énergique.

Toutefois le lustre obtenu par cette opération ne serait ni persistant, ni suffisamment flatteur, si l'on ne procédait au *décatissage*, qui consiste à faire arriver sur l'étoffe étalée un courant de vapeur. Puis, comme cette vapeur aurait pu *condenser* trop le poil, on donne un nouveau peignage, mais avec des chardons moins crochus.

Puis vient le *ramage*, qu'on pourrait appeler étirage, car il est destiné à étirer l'étoffe à la largeur qu'elle doit réellement conserver, et à effacer les plis qui ont pu s'y former. Pendant qu'elle est étendue, humide, on la brosse, pour coucher le poil dans un sens régulier. Puis, quand elle est sèche, on lui fait subir le tondage finisseur, qui, pour certains draps de luxe, est répété alors jusqu'à *vingt-quatre* fois.

Quand le drap est bien tondu, on le brosse encore fortement, puis on le presse de nouveau à chaud, pour lui rendre le lustre qu'il a pu perdre, puis on le décatit une seconde fois pour rendre ce lustre durable, puis on le presse à froid... Puis on le plie, on l'enveloppe... et on peut enfin l'expédier au vendeur.

— J'ai tenu à vous faire complète cette énumération.

Dites-moi maintenant, Madame, si vous vous seriez jamais doutée que le petit morceau de drap dans lequel on aura pris l'étoffe de vos bottines d'hiver, où que vous aurez découpé pour mettre une *roue* à quelqu'un de vos jupons de tous les jours, ait dû passer par autant de mains pour venir seulement du tisseur jusqu'à vous ?

Si j'ai d'ailleurs appuyé bien légèrement sur le finissage des autres étoffes, il ne s'ensuit pas que tout cela soit aussi simplement et expéditivement exécuté, que j'aurais pu le mentionner. Le blanchiment des toiles sur le pré est, par exemple, vous devez le comprendre, d'une respectable lenteur ; et le moirage des soieries, qui, en somme, résulte tout bonnement de l'écrasement local et irrégulier du tissu, n'est rien moins que la première venue des opérations, puisque l'époque n'est pas fort éloignée où la fabrique lyonnaise elle-même ne pouvait produire la moire dite *antique*, bien que l'illustre Vaucanson n'eût pas dédaigné jadis d'attacher toute son attention sur ce sujet.

« Ah oui ! dites-vous, Vaucanson, je sais, l'inventeur des automates.

— Oui, Madame, celui-là même, qui, par paren-

thèse, jouit d'une célébrité universelle pour ses jou-
joux, tandis qu'on ignore à peu près généralement
que, nommé inspecteur de la fabrique de soierie
lyonnaise, il appliqua en mainte occasion son génie
à des œuvres, sinon plus remarquables, au moins
beaucoup plus utiles. Je sais que, pour ma part,
lorsqu'il y a un certain nombre d'années, je visitai
Grenoble, patrie du grand mécanicien, en apercevant
sa statue sur une place, je m'écriai exactement
comme vous venez de le faire : « Ah! oui, l'inventeur des automates, » et il me souvient que, parmi
ceux de ses compatriotes qui m'accompagnaient, il
ne s'en trouva aucun pour me rappeler qu'il ne
fallait pas exclusivement voir en Vaucanson le créateur du *Flûteur*, du *Joueur d'échecs* et de cet *aspic*
qui, tout en remplissant son rôle, entonna le concert
des sifflets sous lesquels croula la *Cléopâtre* de
Marmontel. Au reste, ce n'est pas seulement pour la
postérité que Vaucanson est avant tout l'ingénieux
fabricant de jouets mécaniques, c'est aussi pour ses
contemporains. « Tandis que Vaucanson construit
d'une main savante son *canard artificiel* — écrit en
1762 Bonnet, le naturaliste philosophe — et que,
saisis de surprise et d'étonnement, nous admirons
cette imitation hardie des ouvrages du créateur, les
esprits célestes sourient, et ne voient qu'un enfant
qui découpe un oiseau. »

Et cependant c'est à Vaucanson, que sont dus les

premiers progrès notables du moulinage des soies;
la fameuse chaîne sans fin, qui porte son nom, fut
même imaginée pour faire partie du mécanisme appliqué à ce travail, et c'est à Vaucanson qu'il faut
peut-être faire remonter l'origine du métier Jacquart.

On raconte que des ouvriers lyonnais, sous prétexte d'être les seuls à pouvoir exécuter certains
tissus, s'étant targués d'une façon très-arrogante devant lui, et refusant de travailler, sinon à un taux
réellement excessif : « Vous prétendez, leur dit Vaucanson, que nul, excepté vous, n'est capable d'exécuter ce tissu. Eh bien! moi, je me charge de le
faire fabriquer par un âne. »

Peu après, en effet, une machine était construite,
qui, mue par un simple roussin, produisait automa-
tiquement le travail réputé si difficultueux. Alors,
disent les uns, les ouvriers s'ameutèrent contre l'inventeur, qui fut obligé de fuir pour se soustraire à
leur colère; d'autres prétendent qu'au contraire, s'é-
tant pacifiquement amendés devant le merveilleux
résultat obtenu, ils eurent de Vaucanson la promesse qu'il ne continuerait pas à faire fonctionner
sa machine.

Toujours est-il que cette machine — ou plutôt une
partie de cette machine, car elle est si peu complète
qu'on ne s'explique qu'imparfaitement comment elle
fonctionnait — devenue la propriété du Conserva-

toire des arts et métiers, se trouvait enfouie dans les magasins de cet établissement, où Jacquart put la voir lorsqu'il vint à Paris, pour expérimenter devant le premier Consul un métier à faire les filets, dont il était l'inventeur. Et toujours est-il qu'on trouve une parenté directe entre le principe du métier Vaucanson et celui du métier Jacquart. Mais Jacquart eût-il trouvé là (et je crois même qu'il en est convenu) l'idée première de sa magnifique découverte, qu'encore on devrait lui savoir singulièrement gré d'avoir eu le génie de tirer de l'oubli, où elle fût sans doute restée, la conception incomprise de son illustre devancier.

Il reste, toutefois, à souhaiter que la lumière étant mieux faite sur la nature de ses travaux, Vaucanson recueille dans sa mémoire les hommages véritables qui lui sont dus. Ce vœu peut d'ailleurs être raisonnablement formulé à notre époque, où, Dieu merci, l'on commence à répartir sans trop de parcimonie, sur les héros de la paix, les lauriers trop longtemps dévolus aux seuls gagneurs de batailles. Vous le savez, le dernier remaniement patronymique des voies de Paris nous a donné, par une pensée aussi intelligente que judicieuse, une rue Philippe-de-Girard, une rue Jacquart, une rue Oberkampf.

— Oberkampf! Oberkampf!... Quel est celui-là, je vous prie?

— Ah ! voilà, Madame, que vous m'adressez précisément la demande que j'entendis faire maintes fois dans le quartier que j'habite, lorsque les plaques indiquant le nouveau baptême furent substituées à celles qui portaient l'ancienne dénomination ; et je ne vous cacherai pas — dussiez-vous grandement vous ébahir — qu'en face du profane, ou plutôt de l'ignorant accueil fait par la foule à un nom qui vivait dans mon esprit pour ainsi dire à l'état légendaire, je ne laissai pas que d'être péniblement surpris . Il en fut de moi ce qu'il en pourrait être d'un patriotique enfant de l'Helvétie qui, venant à prononcer le nom de Guillaume Tell, entendrait répéter autour de lui avec une banale ndifférence : « Guillaume Tell ? qui ça, Guillaume Tell ? »

La chose vous semblera sans doute un peu moins singulière quand je vous aurai fait savoir, moi, né et élevé dans l'indiennerie, que le nom d'Oberkampf n'est autre que celui d'un indienneur digne en tout point des hommages de la postérité ; mais, pour que ce sentiment arrivât à vous paraître tout naturel, il faudrait que je pusse vous rapporter, telle que je l'ai vingt fois écoutée dans mon enfance, l'histoire, ou mieux, la légende que mon bon vieux grand-père, l'indienneur, le contemporain, et qui plus est, le compatriote d'Oberkampf, me contait dans une fabrique d'indiennerie ; notez, je vous prie, cette dernière circonstance; et, comme influence, ressortant de la situation du narrateur et de l'auditeur, figurez-vous, par exemple, l'histoire du héros de la Suisse, dite, par un citoyen d'Uri ou d'Unterwald, sur l'herbe du Grutly ou dans la fameuse chapelle du Lac-des-Quatre-Cantons; il faudrait encore que je pusse donner à ce récit l'accent et les tournures germaniques auxquels il devait une pittoresque nuance de fantaisiste ancienneté, et vous entendriez certainement quelque chose d'analogue à la narration si merveilleusement naïve que Balzac met dans la bouche d'un vieux sergent, disant, comme il la voit, comme il la comprend, aux villageois, la vie de son homérique Empereur. Au reste, il serait facile de trouver plus d'une analogie de caractère et de destinée entre le grand capitaine et le grand industriel, qui, d'ailleurs, se connurent, s'estimèrent, et qui, à un certain moment, se trouvèrent marcher au même but par deux voies bien différentes. « Monsieur Oberkampf, dit un jour Napoléon au manufacturier, sur la poitrine duquel il avait quelque temps auparavant attaché sa propre croix, en affirmant que nul n'était plus digne de la porter, vous et moi nous faisons aux Anglais une rude guerre : vous, par votre industrie, et moi, par mes armes. » L'Empereur ajouta même, à ce qu'on assure : « Et c'est encore vous qui faites la meilleure. »

Or, qu'était-ce que celui qui s'exprimait ainsi ?

Un homme d'obscure origine, qui, né sur une terre étrangère (la Corse alors, vous le savez, n'était encore française qu'à demi), ne devait qu'à la seule puissance de ses facultés, servies par l'heureuse coïncidence d'une époque exceptionnelle, d'être monté au rang suprême dans sa nouvelle patrie.

Et qu'était-ce que celui à qui il s'adressait ? Un étranger d'humble naissance aussi, un haut parvenu de l'intelligence, qui pouvait aussi rapporter en partie l'honneur de ses magnifiques succès à des circonstances vraiment particulières.

Vous connaissez de reste les événements majeurs qui favorisèrent la fortune du premier : destruction d'un régime sous lequel la carrière lui eût été normalement fermée, et guerres internationales où il s'illustra.

C'est à peu près la destinée du second. Voyez.

D'abord, pourquoi appelons-nous *indiennes* les toiles peintes ou imprimées? Parce que l'Inde nous les a d'abord fournies. On ne saurait fixer au juste l'époque où les premières arrivèrent en Occident; mais on suppose que l'art de peindre, d'aucuns disent même d'imprimer les toiles, était connu de toute antiquité chez les peuples industriels de l'Asie. Quoi qu'il en soit, ce ne fut guère que vers la fin du xviᵉ siècle que, grâce à la connaissance de quelques procédés rapportés par d'aventureux voyageurs, s'établirent presque simultanément en Hollande, en

Angleterre et en Suisse, des manufactures où l'on
s'efforça d'imiter les produits orientaux; mais ce fut
en Suisse que cette industrie prit le plus d'essor, par
ce fait sans doute que là elle avait trouvé liberté
pleine et entière, tandis qu'ailleurs, les maîtrises,
les corporations auxquelles elle venait faire concurrence, lui avaient déclaré une guerre plus ou moins
implacable.

Il va sans dire qu'en France, où l'esprit d'initiative
ne fit jamais défaut, des gens se seraient nécessairement trouvés pour diriger quelques tentatives en ce
sens; mais ces tentatives furent rendues en principe
impossibles par des ordonnances prohibitives qu'ob-
tinrent les fabricants d'étoffes de lin, de chanvre et
de soie.

Peut-être dois-je noter, à la justification, non pas
de ce système d'entraves au progrès, mais des artisans qui en réclamaient les bénéfices, qu'en ces temps
de priviléges il n'était aucune position industrielle
ou commerciale dont le titulaire n'achetât le droit
d'exercice par une longue et onéreuse suite de rede-
vances qui, établies dans le prétendu intérêt et pour
le prétendu honneur de la profession elle-même, ne
faisaient en somme que constituer une abondante
source de revenus fiscaux, en arrêtant singulièrement l'élan du génie industriel.

On avait décrété à l'origine contre les *toiles peintes*. Il était interdit non-seulement d'en fabriquer,

mais aussi d'en introduire sur le territoire du royaume. Et cet état de choses durait même au milieu du xviiie siècle, où l'on ne voyait encore chez nous que des indiennes et des fichus imprimés venus par contrebande, des fabriques de la Suisse et du Comtat Venaissin, — alors terre papale. — « Les agents des douanes les arrachaient de dessus les épaules des femmes en pleine rue. Malgré ces rigueurs, ou peut-être même à cause d'elles, le goût de la nation pour les toiles peintes était devenu si général, que le gouvernement jugea d'abord à propos d'en permettre l'introduction moyennant un droit de 135 francs par quintal. Enfin, un édit royal, en date du 9 novembre 1759, en autorisa la libre fabrication. Ce fut — dit l'historien d'Oberkampf (1) — une véritable révolution pour l'industrie française. »

Révolution qui, croyez-le bien, ne s'accomplit pas sans luttes et sans tiraillements. Les moralistes mêmes s'étaient mis depuis longtemps de la partie; ils avaient crié à l'abomination sur ce luxe nouveau, qui allait corrompant les classes inférieures. — « Ce n'est pas, écrivait encore à l'époque où l'édit fut rendu l'auteur anonyme d'une publication intitulée : *Des effets que doivent produire dans le commerce de la France l'usage et la fabrication des toiles peintes* (citée par M. Alcan), ce n'est pas la modicité du prix, c'est

----

(1) Labouchère : vie d'Oberkampf, un vol., dans la Bibliothèque populaire. — Hachette.

la mode et une certaine vanité qui rendent les femmes du menu peuple si curieuses de toiles peintes. Habillées de siamoise ou de toile unie, elles ne peuvent se comparer qu'aux femmes de leur état. Ont-elles une robe de toile peinte à Genève ou en Angleterre, elles se croient au-dessus de leur condition, parce que les femmes de qualité portent aussi des toiles peintes. »

Mais enfin, quoi qu'eussent pu dire ou faire les partisans de sa prohibition, la nouvelle industrie venait de recevoir ses lettres de naturalisation et sa liberté d'action; il ne lui restait donc qu'à en faire usage.

Sans doute, supposez-vous, que tout aussitôt de vastes établissements s'ouvrent, à la tête desquels se placent, soit quelques-uns des principaux manufacturiers étrangers, soit des artisans tres-expérimentés, soutenus par d'importantes commandites. Attendez.

Quand la grande rénovation de 89, bouleversant le vieil ordre de choses, fera que tous les hommes pourront prendre pour but de leurs talents ou de leur ambition les plus hauts sommets sociaux, qui verrons-nous surgir pour occuper à certain jour la première de toutes les places, pour relever même, afin de s'y asseoir, le trône si violemment renversé? Sera-ce par quelque illustre fils des illustres familles que la brillante tâche sera remplie? — Non, un modeste écolier partira de Brienne, deviendra un

obscur lieutenant d'artillerie à Valence, ira commander quelques batteries sur les hauteurs de Toulon ;
et, ces premiers pas faits, ne s'arrêtera plus que là
où vous savez.

Or, — mais laissez-moi vous faire remarquer que
ce parallèle n'est pas de moi, mais de mon bon aïeul,
qui, par enthousiasme professionnel, ne laissait pas
que de s'y complaire, — or, à peu près vers le temps
où devait être publié cet édit royal, qui était le 89
de l'imprimerie sur toiles, un pauvre ouvrier, presque un adolescent, car il avait à peine vingt ans,
quittait une petite ville du canton d'Argovie, où son
père dirigeait un modeste atelier d'indiennerie, prenait la route de Paris, et, peu après son arrivée, s'en
allait un beau matin, côtoyant le ruisseau de Bièvre,
qui passe aux Gobelins, cherchant sur les rives un
endroit qui lui semblât convenable pour la réalisation du projet qu'il avait formé.

Il poussa ainsi jusqu'à Jouy-en-Josas, grand village aujourd'hui, alors petit hameau. « Le site, qui
ne put que lui rappeler les paysages d'Argovie, dut
plaire au jeune homme. S'étant assuré que l'eau,
nécessaire à son industrie, ne manquerait point, et
que l'établissement pourrait s'étendre sur des terrains
dont la valeur n'était pas grande, sa résolution fut
aussitôt prise... Ayant aperçu une maisonnette pla-
cée au bord de la rivière, et à laquelle attenait un
petit pré, il entra pour s'aboucher avec le proprié-

taire; on tomba d'accord, et la maisonnette, avec
quelques perches de prairies, pour l'étendage des
toiles, fut louée, moyennant 300 francs, pour neuf
ans... Cette maison était trop petite pour contenir
une chaudière, qu'on dut établir à l'extérieur, et où,
pendant quelque temps, dans une pièce unique, un
matelas remplaça chaque soir les instruments de
travail; le dessous de la table servait d'armoire.

« Ce fut le 1ʳᵉ mai 1760, que le jeune homme im-
prima lui-même la première pièce de toile. Il lui
fallait un dessinateur, un graveur, un imprimeur,
un teinturier; il se multiplia, et fut tout cela à la
fois. Les premiers temps furent difficiles... Au bout
de deux mois, il avait déjà des indiennes à vendre,
ce qui lui permit de payer deux imprimeurs... »
(Labouchère.)

Et ainsi fut fondée, par Christophe-Philippe Oberkampf, c'est-à-dire par un homme pour qui les
efforts de ses rivaux furent un perpétuel stimulant
d'activité et de progrès, la manufacture d'indiennes
de Jouy qui, dès son début, se plaça à la tête d'une
industrie dont elle devait être, pendant plus d'un
demi-siècle, l'exemple, le modèle, la gloire.

Savez-vous pourquoi, dans ce lambeau de récit,
j'ai tenu à prendre étroitement pour guide l'historien
du célèbre manufacturier? Parce que c'est sur ce
premier épisode que portait principalement la légende à moi tant de fois redite par mon grand-père,

le fanatique admirateur d'Oberkampf, et j'aurais craint que mon seul souvenir ne m'égarât.

Là où l'histoire nous montre des facultés exceptionnelles unies à la plus énergique volonté, — union suffisamment rare et méritoire, — la légende, vous le comprenez, n'avait guère de peine à trouver des prodiges. Là où l'une voit un jeune garçon aussi bravement ingénieux que lucidement entreprenant, l'autre n'hésitait pas à créer une sorte de grandiose personnage, dont les moindres gestes et pensées étaient empreints d'un caractère héroïque tout particulier.

Notez, — pour en revenir à mes propos de tantôt, c'est-à-dire afin de vous expliquer mieux l'hyperbolique limite à laquelle devaient atteindre les assertions de mon narrateur, — que, né dans le pays même d'où Oberkampf était parti, il avait fait son noviciat d'artisan dans la fabrique qui se glorifiait d'avoir compté le grand indienneur parmi ses ouvriers, et, qu'en outre, il savait, pour l'avoir tenté avec un succès bien différent, ce qu'il en pouvait être de tâcher à résumer en soi cette universalité d'aptitudes où s'était si victorieusement révélée la personnalité d'Oberkampf.

De tous les bâtiments que comprenait l'immense, le magnifique établissement, on ne voit plus debout aujourd'hui que la petite maison où s'installa Oberkampf en arrivant à Jouy, et que la piété de sa

fille a convertie en asile pour l'enfance ; mais au
moins reste-t-il dans nos annales industrielles un
nom qui fut à la fois celui d'un remarquable artisan, et celui d'un véritable homme de bien.

En 1787, Louis XVI, par un acte qu'il dit être
« le plus juste de son règne, avait conféré à Oberkampf des lettres de noblesse. Quoique sensible à
cette haute marque de distinction, Oberkampf avait
alors laissé aux siens, et à la grande famille d'ouvriers dont il était le père, le soin de s'en enorgueil-
lir. En 1791, époque où furent organisés les *conseils généraux*, celui de Seine-et-Oise, dans une
de ses premières séances, décida spontanément l'é-
rection d'une statue à Oberkampf, sur la place de
Jouy. Mais Oberkampf mit tout en œuvre pour
empêcher l'exécution de ce projet, et se félicita d'y
avoir réussi. »

En 1800, ayant appris par le *Journal,* qu'il avait
obtenu, au tribunat conservateur, quarante voix
sur cinquante pour sa présentation au Sénat, il
« envoya aussitôt son neveu chez les amis qu'il
soupçonnait d'avoir mis son nom sur le tapis. » et,
bien qu'on s'efforçât de lui démontrer qu'on voulait
honorer en lui l'industrie et le commerce, il ne fut
tranquille que lorsqu'il eut la certitude qu'aucune
suite ne serait donnée à cette affaire, car, « il n'y
avait, disait-il , qu'une place qui lui convînt, et
c'était sa manufacture. » Plus tard, les désastres na-

tionaux ayant occasionné l'arrêt complet des travaux de la manufacture, où tant de gens trouvaient d'honnêtes moyens d'existence, « ce spectacle me tue, » répétait douloureusement Oberkampf. Il s'éteignit, en effet, le 4 octobre 1815, alors que les troupes prussiennes étaient encore casernées dans ses ateliers inactifs.

Plus noble mort ne pouvait couronner plus digne et plus utile carrière.

Pour être juste, je dois vous dire qu'Oberkampf ne fut pas le seul propagateur de la nouvelle industrie en France, car, presque en même temps qu'il s'établissait à Jouy, d'autres fabriques se fondaient à Bolbec, à Corbeil, à Sèvres ; mais, encore pour être juste, je dois vous répéter que, tant qu'elle subsista, la maison d'Oberkampf, première en âge, resta invariablement aussi la première en rang, tant pour la distinction et la valeur réelle de ses produits, que pour les progrès qu'elle poursuivit ou réalisa.

Oberkampf peut donc être équitablement considéré comme personnifiant l'intronisation chez nous de l'impression sur étoffes comme chez nos voisins d'outre-Manche. Arkwright représente l'établissement — ne disons pas l'invention — de la filature mécanique du coton. C'est donc un hommage bien placé que celui de la ville de Paris, donnant le nom d'Oberkampf, à la principale rue d'un de ses quartiers industriels.

Au temps d'Oberkampf, déjà l'impression sur étoffes, d'ailleurs aidée des lumières des premiers physiciens et chimistes de l'époque, avait laissé loin derrière elle les produits orientaux qu'elle n'avait d'abord que copiés imparfaitement, et à grand'peine. Aujourd'hui, elle est comme une sorte de merveilleux Protée, se prêtant à toutes les fantaisies, et semblant réellement se transformer selon que l'application en est faite dans telle ou telle branche des industries textiles, car rien, par exemple, ne rappelle moins la méchante indienne à dix sous, dont se couvrent nos pauvres ouvrières, que ce somptueux taffetas, que le commerce qualifie improprement du nom de *chiné*, et dans les flots desquels se prélassent nos élégantes. Pour produire l'une, on fait tout simplement passer un grossier jaconas entre deux cylindres, dont l'un, qui est gravé, l'empreint des traits qu'il porte : pour obtenir l'autre, c'est avant le tissage, sur les fils de soie de la chaîne, qu'on imprime : et le travail de la navette, qui agit ensuite, a pour résultat de faire que le dessin, qui est comme enfermé dans le corps de l'étoffe, apparaît avec un vague, un vaporeux, — un flou, dirait un artiste, — d'un remarquable effet.

Sur lin, sur chanvre, l'impression donne ces cravates, ces mouchoirs aux bordures mignonnes, ces devants de chemises que la fashion a depuis longtemps adoptés. Sur laine, elle imite, avec une surprenante fidélité et aux taux les plus minimes, les châles indiens ; c'est à elle encore que vous devez les charmantes mousselines dont vous faites tant de fraîches toilettes d'été ou de bal. Dans ces dernières années même elle a gagné la draperie commune, qu'elle relève des plus fantaisistes bigarrures ; et c'est elle qui, appliquée à des pièces de feutre, peint ces tapis d'un aspect caractéristique dont la France se trouva tout à coup inondée après le *traité de commerce*, sous le nom de *carpettes* anglaises. Sur soie tissée, elle crée le foulard aux multiples usages, et, habilement combinée avec le tissage, les riches étoffes dont je vous parlais tout à l'heure. Sur coton enfin, elle produit, outre les indiennes de tous les genres, de tous les prix, les imitations de foulards et ces *perses* dont on fait des housses, des rideaux, des tentures. L'impression a aujourd'hui pour centres principaux, Mulhouse, Rouen, Paris, Lille, Lyon, Avignon, Toulouse L'Alsace et la Normandie n'impriment guère que des toiles de coton. La Flandre imprime aussi le lin. Les étoffes de laine s'impriment dans la zone parisienne et dans le Lyonnais qui se partagent avec le Gard les impressions sur soie. Enfin le Vaucluse et la Garonne fabriquent ces classiques fichus dits *de Provence* qui ne se voient plus dans nos villes, ni même dans la plupart de nos campagnes, mais qui s'en vont encore faire les délices des paysannes navarraises et catalanes, quand ils ne sont pas destinés à servir de voyante capuce aux contadines de la Calabre ou des Abruzzes. — Somme toute, je puis affirmer qu'avec le personnel attaché seulement en France à cette industrie relativement nouvelle et dont bien des gens, même dans les classes éclairées, semblent à peine soupçonner l'importance, on peuplerait une grande ville...

Mais voilà que par cette simple affirmation je viens d'entre-bâiller une porte que je suis bien tenté de pousser tout à fait.

On dit les chiffres éloquents. Voulez-vous en ce cas me permettre d'en faire l'épreuve?

Savez-vous, Madame, dans quelle proportion s'établit en France le rapport de la valeur des produits de la seule industrie textile, à la valeur totale des produits de toutes les industries réunies? Eh bien! ce rapport est à peu près le même que celui de 40 à 100. C'est-à-dire que tous les ateliers de France donnant une somme de travail qui atteint environ 5 milliards de francs, il sort des seuls ateliers de tissus pour plus de 1,700 millions de produits.

Savez-vous combien d'individus sont répartis dans ces ateliers? — Un million environ, régis par quelque cinquante ou soixante mille patrons.

Savez-vous combien de *broches,* ou fuseaux, tournent dans nos 100 ou 150 filatures mécaniques de lin et de chanvre? — Un demi-million. — Combien dans nos 500 filatures de coton? — Trois millions cinq cent mille. — Combien dans nos cinq cents filatures de laine? — Quinze cent mille. Combien dans nos filatures de soie? — Cinquante mille.

Savez-vous combien d'ouvriers sont employés au tissage du coton, du lin, du chanvre et de la laine? — Près de quatre cent mille. — Combien de métiers tissent la soie? — Cent quarante mille, dont soixante-dix mille dans le seul centre lyonnais. En dehors de l'industrie textile proprement dite, savez-vous à combien de femmes sont dues les broderies et les dentelles riches et communes? A trois cent mille au moins, dont soixante mille dans la Normandie, vingt-cinq mille dans les Vosges, cent trente mille dans l'Auvergne et la Haute-Loire, quatre ou cinq mille dans le nord, et six mille à Paris.

Ce n'est là que de la statistique française. Que serait-ce si je m'attaquais à la statistique universelle? Un exemple. Savez-vous combien de mètres de toile de coton sortent, année moyenne, de toutes les fabriques du monde? — Non. — Eh bien! je vous apprends, sur la foi des statisticiens, pour qui vraiment il semble n'y avoir rien de sacré, que si l'on cousait bout à bout toutes les pièces de calicot fabriquées en un an, cette étoffe suffirait à emmaillotter très-confortablement le globe.

Savez-vous?.. — Mais n'êtes-vous pas d'avis que c'est assez de défilades arithmétiques comme cela? Pour moi, je m'aperçois que, si éloquents puissent-

ils être, les chiffres n'en sont pas moins des chiffres,
même pour celui qui les débite. Je me hâte donc de
fermer la porte que j'avais ouverte.

Et maintenant que nous avons jeté des vues d'ensemble sur les principales divisions de la vaste, de
l'imposante industrie à laquelle sont dus les produits
qui, de tous les points, viennent se réunir chez le
marchand de nouveautés, croyez-vous que nous
devions visiter en détail chaque spécialité? — Pour
ma part, j'y serais tout disposé; car, que de groupes
intéressants à vous présenter encore, que de rudes,
ou patients, ou épuisants labeurs à vous signaler,
que de surprenants témoignages du génie et de la
fécondité industrielle, si nous suivions seulement
quelques-unes des innombrables ramifications du
grand arbre dont nous n'avons jusqu'ici escaladé
que les branches *mères*. Quel spectacle ne nous
serait pas offert, par exemple, si nous pénétrions
dans cette fameuse vallée de Kachemyr, dont les
tissus qu'elle nous envoie sont encore si hautement
appréciés, par cela même qu'ils conservent, au milieu des merveilles de nos fabriques, ce cachet de
naïve étrangeté d'un art qui, après s'être élevé à une
prodigieuse puissance, s'est tout à coup immobilisé
pour rester stationnaire pendant une longue suite de
siècles? (Car il est à peu près démontré que les ouvriers de Kachemyr reproduisent identiquement
aujourd'hui, avec mêmes dessins, mêmes teintures,

mêmes genres de fils, les châles que leurs ancêtres
fabriquaient il y a des centaines d'années, tandis
que chez nous, toujours l'imagination des dessinateurs s'évertue, toujours la teinture se perfec-
tionne, toujours les procédés de filage, de tissage
s'améliorent.) Que de sujets d'attention, d'étonnement n'aurions-nous point si nous nous dirigions
vers les *tapisseries* des Gobelins, d'Aubusson, de
Beauvais; si, quittant les montagnes de Tarare, où
se fabriquent les jaconas, les mousselines brochées,
nous gagnions Sedan, Elbœuf, Louviers, ces métro-
poles de la belle draperie; si, pour compter les
troupeaux et comparer les toisons, nous allions,
errant, des sierras espagñoles aux steppes de l'Oural;
si, comme nous sortirions d'Alençon, où nous nous
serions ébahis en voyant la main des femmes créer
la *reine des dentelles*, Calais nous invitait à voir
naître les tulles sur ses immenses métiers; si nous
visitions les populeuses manufactures de mérinos, de
flanelles de la région champenoise, après avoir visité
les rustiques toileries du Dauphiné. — Oui, je
pousserais volontiers de lentes et minutieuses recon-
naissances dans ces diverses directions, moi qui,
né et élevé dans le milieu industriel, peux trouver
un intérêt instinctif, professionnel aux moindres
incidents; mais le voyage, j'en suis sûr, ne tarderait
pas à vous sembler long et fastidieux, à vous qui ne
m'accompagnez qu'en qualité de simple promeneuse,

et dans un but de pure distraction. — Qui sait même
si déjà vous n'avez pas trouvé que j'aurais dû m'arrêter plus tôt. — Du reste, il vous en souvient sans
doute, c'est à la suite d'une sorte de mutuel défi
que nous nous sommes mis en route. Vous m'accusiez
de professer le plus injuste mépris pour des objets
qui vous semblaient mériter la plus vive attention.
J'ai voulu vous démontrer que, loin de les déprécier,
je les estimais bien au-delà peut-être de ce que vous
pourriez supposer. Si donc je suis venu jusqu'ici
sans avoir réussi à faire — pour employer la formule
bazochienne — la preuve de mon dire, c'est que
vraiment je ne saurais la faire, et alors je n'aurais
guère qu'à me hâter de vous tirer humblement ma
tardive révérence, en vous priant d'oublier mon im-
puissant verbiage. Si, au contraire, je suis parvenu
non-seulement à rendre évident pour vous le sentiment auquel vous me croyiez étranger, mais encore
à le motiver au point qu'il vous ait quelque peu
gagnée, à quoi bon que je poursuive? mon but n'est-
il pas atteint?

Et, d'ailleurs, n'est-ce pas un titre d'orgueil suffisant pour moi que d'avoir mérité qu'on dise:

« Il sut apprendre à une femme à aimer les *chiffons*. »

FIN

TABLE DES MATIERES

		Pages.
I.	Dialogue	1
II.	Chez le marchand	9
III.	La soie	23
IV.	Le coton	53
V.	La laine	61
VI.	Le chanvre. — Le lin	73
VII.	Le filage	93
VIII.	La teinture	145
IX.	Le tissage	177
X.	Les apprêts. — L'impression	209

FIN DE LA TABLE

COULOMMIERS. — Typogr. A. MOUSSIN·

LIBRAIRIE HACHETTE et Cⁱᵉ
BOULEVARD SAINT-GERMAIN, 79, A PARIS

LE JOURNAL DE LA JEUNESSE

NOUVEAU RECUEIL HEBDOMADAIRE

POUR LES ENFANTS DE 10 A 15 ANS

PUBLIÉ

PAR LA LIBRAIRIE HACHETTE ET Cⁱᵉ

Et très-richement illustré par les plus célèbres artistes.

PROSPECTUS

Ce nouveau recueil hebdomadaire est spécialement destiné aux jeunes gens et aux jeunes filles de dix à quinze ans.

Il forme, chaque semaine, une magnifique livraison de seize pages imprimées sur deux colonnes, contenant environ 1200 lignes de texte et de belles gravures d'après nos meilleurs artistes. La première partie est consacrée aux œuvres d'imagination, aux voyages; l'autre, à ces mille notions de science, d'art, d'industrie, qu'il est si utile de présenter à la jeunesse et qui l'intéressent d'autant plus, qu'elles lui sont présentées avec tout l'attrait de l'actualité.

Les trois premiers semestres du *Journal de la Jeunesse* forment

trois magnifiques volumes in-8°, richement illustrés par les plus
célèbres artistes.

Ces volumes sont les livres les plus attrayants et les plus instruc-
tifs que l'on puisse mettre entre les mains de la jeunesse. Il suffira
de jeter un coup d'œil sur le rapide énoncé des principaux articles
qui les composent pour se convaincre que le *Journal de la Jeunesse*
a fidèlement observé le programme qu'il s'était proposé.

MATIÈRES CONTENUES DANS LES TROIS PREMIERS VOLUMES DU

JOURNAL DE LA JEUNESSE

NOUVELLES, CONTES, RÉCITS. — Les Braves gens, la Ferme des Quatre Chênes,
Panade, par J. Girardin; Une sœur, par Mᵐᵉ de Witt; En congé, par
Mˡˡᵉ Fleuriot; Gertrude, par la comtesse de Sannois; la Récompense partagée,
le Marchand de Venise, le Sultan et les Fauvettes, le Chasseur indien, par
Ét. Leroux; le Chien de Newton, l'Énigme du sphinx, une Réhabilitation, une
Mouche qui vole, par Mˡˡᵉ Marie Maréchal; la Fille aux pieds nus, par Auerbach;
les Hirondelles de mon oncle, par Eug. Muller; le Tailleur de pierres, Tamerlan
et la fourmi, le Cadi du Caire, par P. Vincent; le Poisson d'avril, le Parapluie
omnibus, par J. Levoisin; le Violoneux de la Sapinière, la fille de Carilès, par
Mᵐᵉ Colomb, etc.

CAUSERIES. — Le Jury, Incendies et pompiers, Oberkampf, les Oranges, une Croi-
sade d'enfants, Copernic, la Monnaie, Bonjour, les Jeux floraux, l'Hôtel de Ville,
les Écoliers soldats, la Jambe de bois, par l'oncle Anselme; le Parapluie, le Jeu
d'échecs, par P. Vincent; le Bal costumé, par J. Levoisin; le Panorama des
Champs-Élysées, une Chasse aux crocodiles en Cochinchine, par Claparot; l'Hôtel
des Invalides, par Louis Rousselet, etc.

GÉOGRAPHIE, VOYAGES, AVENTURES. — Dans l'extrême Far-West, par Johnson;
Livingstone, par R. Cortambert; la Marine française et les pirates chinois, Éruption du Mauna Loa, Henry Stanley, les Mines de diamants du Cap, les Sources du
Nil, Sir S. Baker, le Turkestan, la Guinée, l'Indo-Chine, par Louis Rousselet; les
Naufragés du détroit de Magellan, le Sahara algérien, un Nouveau Robinson Cru-
soé, les Modocs, les Indes hollandaises, par Ét. Leroux; les Premiers explorateurs
des régions arctiques, l'Expédition du capitaine Hall au pôle Nord, l'Équipage
du *Polaris*, les Naufragés au Spitzberg, le royaume de Dahomey, par Lucien
d'Elne; la Grotte d'Adelsberg, par Louis Énault, etc.

HISTOIRE NATURELLE, ZOOLOGIE, BOTANIQUE. — Le Cormoran, le Pélican, l'Amour maternel chez les oiseaux, par E. Menault; l'Hippopotame du Jardin zoologique, le Hamster, l'Autruche, le Bouquetin du Tyrol, les Invasions de sauterelles en Algérie, la Taupe, la Pêche du hareng, le Départ des hirondelles, l'Éléphant, le Calmar, par Th. Lally; un Perroquet centenaire, le Cresson, le Mégathérium, par H. Norval; le Jardinage de la jeunesse, par L. Châtenay; les Oiseaux gigantesques, par Marcel Devic; la Mer chez soi, l'Aquarium d'eau douce, par H. de la Blanchère; le Phylloxera, par Albert Lévy, etc.

ASTRONOMIE. — La Terre rencontrée par une comète, la Planète Vénus, l'Éclipse du 26 mai, Comment on mesure la distance du soleil à la terre, par A. Guillemin.

INVENTIONS, DÉCOUVERTES. — Les Bateaux à vapeur de la Manche, par A. Guillemin; les Dépêches microscopiques et les Pigeons voyageurs, Impressions de voyage en ballon, le Professeur Charles, par G. Tissandier; la Bouée de l'Espérance, par Ét. Leroux; un Nouvel appareil de sauvetage, le Pyrophone, par A. Lévy; un Fanal inextinguible, une Mine de gaz d'éclairage, les Omnibus, par P. Vincent; les Navires cuirassés, par Léon Renard; le Chemin de fer du Rigi, le Scaphandre, par H. Norval, etc.

CAUSERIES INDUSTRIELLES. — La Laine, le Coton, Thomas Highs ou le Métier à filer le chanvre, par Eug. Muller; Comment on obtient la glace dans l'Inde, par Louis Rousselet; Les Huiles de pétrole, par G. Tissandier; Comment se fait une aiguille, les Vendanges, Emploi de l'air comprimé, les Eaux de Paris, les Marbres de Carrare, par P. Vincent; les Bonbons, par H. Norval.

ACTUALITÉS, CONTEMPORAINS, VARIÉTÉS. — Les Inondations, par A. Guillemin; l'Incendie de Boston, par R. Cortambert; le Naufrage du *Northfleet*, la Famille Durand à l'Exposition de Vienne, par Eug. Muller; Découvertes au Forum, romain, par Fr. Wey; les Cyclones, par G. Tissandier; l'Exposition de Vienne, les Bohémiens, une Réception à Péking, par L. Rousselet; le Naufrage de l'*Atlantic*, le Tremblement de terre de San-Salvador, Horace Greeley, le Voyage du chah de Perse, par P. Vincent; l'Ouverture de la chasse, l'Exposition des races canines, par Th. Lally; les Funérailles d'un roi indien, Agassiz, Livingstone, Latour-d'Auvergne, Kaméhaméha V, par Ét. Leroux; l'Arc, par H. de la Blanchère; Paganini, Nélaton et Coste, par H. Norval, etc.

CONDITIONS ET MODE DE LA PUBLICATION

LE JOURNAL DE LA JEUNESSE paraît le samedi de chaque semaine à partir du 7 décembre 1872. Chaque numéro, imprimé sur deux colonnes par M. MARTINET, contient 16 pages de texte et de gravures, et est protégé par une couverture. — Le prix du numéro est de 40 centimes.

Chaque année de la publication forme deux beaux volumes in-8° richement illustrés. Prix de chaque vol. : broché, 10 fr., cartonné en percaline rouge, tranches dorées, 13 fr.

PRIX DE L'ABONNEMENT

POUR PARIS ET LES DÉPARTEMENTS

Un an (2 volumes)............ 20 francs
Six mois (1 volume)........... 10 —

Les abonnements ne se prennent que pour un an ou six mois, du 1er décembre et du 1er juin

---

ON S'ABONNE A PARIS

A la Librairie HACHETTE et Cie, boulevard Saint-Germain, 79

ET CHEZ TOUS LES LIBRAIRES DE LA FRANCE ET DE L'ÉTRANGER

PARIS. — IMPRIMERIE DE E. MARTINET, RUE MIGNON, 2

LITTÉRATURE POPULAIRE

ÉDITIONS A UN FRANC LE VOLUME, FORMAT IN-18 JÉSUS

Le cartonnage en percaline gaufrée se paye en sus 40 cent. par volume

EN VENTE

BADIN (Ad.) : *Duguay-Trouin.* 1 vol.
—— *Jean-Bart.* 1 vol.
BAINES (Thomas) : *Voyage dans le sud-ouest de l'Afrique.* 1 vol.
BARRAU (Th.-H.) : *Conseils aux ouvriers.* 1 vol.
BERNARD (Fr.) : *Vie d'Oberlin.* 1 vol.
BONNECHOSE (Émile de) : *Bertrand du Guesclin.* 1 vol.
—— *Lazare Hoche.* 1 vol.
CALEMARD DE LA FAYETTE (Charles) : *La Prime d'honneur.* 1 vol.
—— *L'Agriculture progressive.* 1 vol.
CARRAUD (Mme Z.) : *Les Veillées de la Ferme.* 1 vol.
—— *Une Servante d'autrefois.* 1 vol.
CHARTON (Ed.) : *Histoire de trois enfants pauvres.* 3ᵉ édition. 1 vol.
CORNE (H.) : *Cardinal Mazarin.* 1 vol.
—— *Cardinal de Richelieu.* 1 vol.
CORNEILLE (P.) : *Chefs-d'œuvre.* 1 vol.
DEHERRYPON (Martial). *La Boutique de la Marchande de poissons.* 1 vol.
DELAPALME : *Le Premier livre du citoyen.* 3ᵉ édit. 1 vol.
DUVAL (Jules) : *Notre Pays.* 1 vol.
—— *Notre Planète.* 1 vol.
ERNOUF (le Bᵒⁿ) : *Histoire de trois ouvriers français.* 1 vol.
—— *Jacquard; — Philippe de Girard.* 1 vol.
GUILLEMIN (Amédée) : *La Lune.* 1 vol. 2 planches, 46 vig.
HACKLÄNDER : *La Vie militaire en Prusse.*
HAURÉAU : *Charlemagne et sa Cour*, 2ᵉ édit. 1 vol.

HOMÈRE : *Les Beautés de l'Iliade et de l'Odyssée*, traduction de M. Giguet. 1 vol.
JOINVILLE (sire de) : *Histoire de saint Louis*, 2ᵉ édit. 1 vol.
LABOUCHÈRE (Alf.) : *Oberkampf (1738-1815).* 1 vol.
LA FONTAINE : *Choix de fables.* 1 vol.
MEUNIER (Mᵐᵉ Hippolyte) : *Entretiens familiers sur l'Hygiène.* 1 vol.
MULLER (Eugène) : *La Boutique du Marchand de Nouveautés.* 1 vol.
MOLIÈRE : *Chefs-d'œuvre.* 2 vol.
LIVINGSTONE : *Explorations dans l'Afrique australe.* 1 vol.
PASSY (Frédéric) : *Les Machines et leur influence sur le développement de l'humanité.* 1 vol.
RACINE (Jean) : *Chefs-d'œuvre.* 2 vol.
RENDU (Victor) : *Principes d'agriculture*, 2ᵉ édit. 2 vol.
Chaque volume se vend séparément.
SHAKESPEARE : *Chefs-d'œuvre.* 3 vol.
SPEKE (le capitaine) : *Découverte des sources du Nil.*
THÉVENIN (Év.) : *Entretiens populaires*, in-18 jésus : 1ʳᵉ, 2ᵉ, 3ᵉ, 4ᵉ, 5ᵉ et 7ᵉ séries. 6 vol. 6ᵉ série, 2 vol.
Cours d'économie industrielle : 7 séries in-18 jésus.
Chaque série se vend séparément.
VAMBÉRY : *Voyages d'un faux derviche dans l'Asie centrale*. édition abrégée. 1 vol.
VÉRON (Eugène) : *Les Associations ouvrières* en Allemagne, en Angleterre et en France. 1 vol.
WALLON : *Jeanne d'Arc.* 1 vol.

EN PRÉPARATION

BERNARD (Fréd.) : *La Tour d'Auvergne.*
GŒTHE : *Chefs-d'œuvre.*
GUILLEMIN (Am.) : *Le Soleil.*
SCHILLER : *Chefs-d'œuvre.*
VIRGILE : *Les beautés de l'Énéide.* 1 vol.

LES BOUTIQUES DE PARIS

ABOUT (Ed.) : *La boutique de l'épicier.*
CORTAMBERT (Richard) : *La boutique du mercier.*
DEHERRYPON : *La boutique du charbonnier.*
LOREAU (Mᵐᵉ) : *La boutique du fourreur.*